Michael Dickreiter

Partiturlesen

Ein Schlüssel zum
Erlebnis Musik

Originalausgabe

Wilhelm Goldmann Verlag

Musikverlag B. SCHOTT'S Söhne

Herausgeber: SCHULE FÜR RUNDFUNKTECHNIK, Nürnberg
Aus- und Fortbildungsinstitut der deutschen Rundfunk- und Fern-
sehanstalten

1. Auflage April 1983   ·1.– 8. Tsd.
2. Auflage August 1984 · 9.–14. Tsd.

Printed in Germany
© 1983 B. Schott's Söhne, Mainz
© 1983, 1984 der genehmigten Taschenbuchausgabe
Wilhelm Goldmann Verlag
Umschlaggestaltung: Atelier Adolf & Angelika Bachmann, München
Satz: Filmsatz Schröter GmbH, München
Druck: Presse-Druck, Augsburg
Verlagsnummer: 33082
Lektorat: Lothar Friedrich (Schott-Verlag)/Gerda Weiss
Herstellung: Gisela Ernst
ISBN 3-442-33082-3

Inhalt

1. Einleitung – Partiturlesen, ein Schlüssel zum Erlebnis Musik

Sind Noten eigentlich Musik? Ist eine Partitur – die übersichtliche Zusammenstellung aller Orchesterstimmen, auch der Solo- und Chorstimmen einer Komposition – nur die Summe vielfältiger Anweisungen, was jeder Musiker zu spielen hat, oder ist diese Partitur selbst schon Musik? Fest steht immerhin, daß die meisten Komponisten ihre Werke schreiben, ohne ein Musikinstrument zu Hilfe zu nehmen, daß Musiker, aber auch viele geübte Laien, sich durchaus vorstellen können, wie eine Komposition klingen wird, auch wenn sie die Partitur nur lesen. In ihrem Bewußtsein entsteht dabei nämlich ein Klangbild, das freilich akustisch nicht vorhanden ist. Ist diese Vorstellung Musik? Auch wenn Musik erklingt, erleben wir sie ja nicht als Schwankungen des Luftdrucks, sondern wir erleben sie bewußt sozusagen nach einer »gehirngerechten« Umwandlung der physikalischen Schwingungen durch das Gehör. So werden gelesene und gehörte Noten erst im Bewußtsein des Menschen zu Musik, Partiturlesen ist also wohl auch eine Form des Musikerlebens.

Einen wichtigen Unterschied gibt es aber doch zwischen der bloßen Vorstellung von Musik aufgrund des Schriftbildes und der realen akustischen Erfahrung bei einer Aufführung: die physische und psychische Reaktion auf Musik, das Wohlgefallen an Harmonien, Erinnerungen oder Assoziationen bei bestimmten Wendungen, die »Gänsehaut« an einer Tremolostelle der Geigen – solche Wirkungen kann Musik nur als reales Klangerlebnis haben. So hat das Musiklesen doch ein wenig gemeinsam mit dem Studium einer Speisekarte oder mit der Lektüre einer Landschaftsschilderung: der Appetit, die Erwartung wird geweckt, kann aber noch nicht eingelöst werden wie durch den tatsächlichen Genuß einer erlesenen Speise, den unmittelbaren Eindruck einer wirklichen Landschaft.

Neben diesem allgemeinen Aspekt des Partiturlesens gibt es natürlich ganz konkrete Notwendigkeiten und Anwendungen des Partiturlesens für Berufsmusiker und »Amateure« – unerläßlich ist es für den Dirigenten, der eine Aufführung zu leiten hat und für den klanglichen Gesamteindruck verantwortlich ist. Etwas anderes ist es, die Partitur gleichzeitig mit dem Hören zu lesen, eine Aufführung anhand des Notentextes zu verfolgen; dies ist wohl das Übliche für den Musikfreund, der vielfach nicht genügend Zeit findet, um selbst zu musizieren, sondern der im Konzert, in der Oper, durch Rundfunkübertragungen oder von Schallplatten Musik hörend erleben möchte. Darauf will dieses Buch vorbereiten.

Eine Partitur zusammen mit der Musik zu verfolgen kann aus verschiedenen Gründen sinnvoll sein:

- Das Mitlesen vermittelt Einsichten in die musikalischen Strukturen eines Werkes, die oft nicht hörbar, sondern nur aus der Partitur zu erkennen sind; dazu gehört der formale Aufbau im Großen wie im Detail, dazu gehört die Verwendung der Instrumente, die sogenannte Instrumentation, dazu gehört die Wechselbeziehung von Hauptstimmen und interessanten Gegen- und Nebenstimmen, die diese Hauptstimmen oft in einen neuen Zusammenhang stellen.

- Das Mitlesen ermöglicht eine Kontrolle darüber, ob die Musik entsprechend dem Notentext richtig wiedergegeben wird. Wichtig ist dabei natürlich, daß man selber beim Mitlesen eine Partitur benutzt, die nach zuverlässigen Quellen hergestellt worden ist: nach der Handschrift des Komponisten, dem Erstdruck oder nach einer verläßlichen, zu Lebzeiten des Komponisten und möglichst unter seiner Kontrolle entstandenen Abschrift. Von vielen Werken gibt es nämlich Ausgaben, die Eingriffe von fremder Hand enthalten, meist Hinzufügungen aus späterer Zeit. Informationen über die Vorlage eines Partiturdrucks sollten jeder seriösen Ausgabe zu entnehmen sein.

- Das Mitlesen der Partitur ermöglicht es, z. B. zum Zweck der Analyse, bei Proben oder Schallplatten- und Rundfunkaufnahmen bestimmte Stellen in der Musik eindeutig zu bezeichnen, etwa »den Einsatz der Holzbläser in Takt 320«.

- Das Mitlesen erlaubt Vorhersagen über den Verlauf der Dynamik. Das ist ebenfalls z. B. bei Tonaufnahmen sehr wichtig.

Das Partiturstudium »ohne Musik« ist nicht nur für Dirigenten unerläßlich:

- Es vermittelt zunächst einen Eindruck von dem allgemeinen Charakter der Musik, es schafft Klarheit über die Besetzung des Orchesters, über den kompositorischen Stil, über die Grundzüge der musikalischen Form, der Instrumentierung, der Bedeutung der einzelnen Klanggruppen des Orchesters, über die Dynamik und vieles mehr.

Noch einen Schritt weiter als das Partiturstudium geht das Partiturspielen auf dem Klavier. Es verlangt – erhebliche pianistische Fähigkeiten vorausgesetzt – viel Übung und darüber hinaus Detailkenntnisse über die Notation der einzelnen Instrumente und über weniger gebräuchliche Notenschlüssel, die für das bloße Mitlesen nur in Grundzügen bekannt sein müssen. Weiterhin ist ein besonderes Geschick erforderlich, den

doch völlig anderen, viel farbigeren Orchesterklang möglichst wirkungs-
voll auf das Klavier zu übertragen.

Ziel dieses Buches ist es, all die Kenntnisse zu vermitteln, die notwendig sind, um eine Partitur beim Hören mitlesen zu können, um ihr vorher
alle notwendigen Informationen über die Orchesterbesetzung und über
die musikalische Form entnehmen zu können und um das Partiturstudium
ohne Musik vorzubereiten. Eine Voraussetzung muß man aber erfüllen,
um ein erfolgreicher Leser von Partituren zu werden: man sollte die
Notenschrift einigermaßen beherrschen. Zum Trost derjenigen, die jetzt
zögern, sei gesagt: in der Praxis hat sich vielfach gezeigt, daß eine
perfekte Notenkenntnis und Übung im Notenlesen durchaus nicht gefor-
dert zu werden braucht. Es genügt, daß man in der Lage ist, einzelne
Melodiestimmen anhand der Noten mitzuverfolgen. Noten fließend
»vom Blatt« zu lesen, ist nicht unbedingt nötig, und nicht jedes Zeichen
der Notenschrift braucht bekannt zu sein. Auch das Wissen über Musik-
theorie mag zunächst noch gering sein; bei der Beschäftigung mit Partituren wird das Interesse daran sicherlich wachsen. Noch eine Voraussetzung sollte der Partiturleser erfüllen: er sollte wenigstens die wichtigsten
Instrumente des Orchesters an ihrem Klang erkennen können.

Dieses Buch vermittelt Wissen über die verschiedenen Arten und
Verwendungsmöglichkeiten von Partituren, ihre geschichtliche Entwicklung und das Schriftbild der Musik, über die Möglichkeiten, eine Partitur
mitzulesen, über das Orchester und den Dirigenten. Es enthält sodann
die ersten Übungen im Partiturlesen. In Kapitel 6 sind als Übungsbeispiele Auszüge aus Partituren von Werken unterschiedlicher Stilepochen
abgedruckt, angeordnet nach steigender Schwierigkeit. Die Auswahl
wurde unter dem Gesichtspunkt getroffen, daß allgemein bekannte
Stücke gewählt wurden – ausgehend von der Annahme, daß Aufnahmen
solcher Werke als Platten oder Kassetten vielfach schon im Besitz des
Lesers, in jedem Falle aber leicht zu beschaffen sind. Theoretisches
Wissen allein genügt gerade beim Partiturlesen in keiner Weise, Übung
und nochmals Übung muß hinzukommen.

2. Arten von Partituren

Die Partitur ist die übersichtliche Zusammenstellung aller Stimmen einer Komposition. Dabei werden die Einzelstimmen so angeordnet, daß gleichzeitig erklingende Töne genau übereinander stehen. Die Bezeichnung Partitur kommt von dem italienischen Wort »partitura«; es bedeutet Einteilung. Eingeteilt werden muß nämlich zunächst das Notenpapier mit senkrechten Strichen durch alle Stimmen, die das exakte Untereinanderschreiben erleichtern. Aus diesen Einteilungsstrichen sind dann die Taktstriche entstanden.

Es gibt heute verschiedene Arten von Partituren gemäß ihren unterschiedlichen Funktionen. Dazu gehören auch Partitur-Arten, die streng genommen nicht mehr unter diesen Begriff fallen; aus dem Bestreben, das komplexe Partiturbild zu vereinfachen, erfassen sie nämlich nicht alle Stimmen, werden dafür aber bestimmten praktischen Bedürfnissen gerechter.

Die Dirigierpartitur ist die Partitur, die der Dirigent im allgemeinen bei der Einstudierung und Aufführung eines Werkes benutzt. Sie ist die Partitur schlechthin: sie wird bei der Drucklegung einer Komposition als erstes erstellt. Die Zweckbestimmung »Dirigier . . .« wurde erst notwendig, als die sogenannte Studienpartitur geschaffen wurde. Die Dirigierpartitur ist durch ein relativ großes Notenbild, das auch Platz für Eintragungen bietet, gekennzeichnet; entsprechend werden die Partituren im Quartformat gedruckt, das wesentlich über das heute übliche Norm-Format DIN A 4 hinausgeht.

Neben der Dirigierpartitur kommt der Studienpartitur (Abb. 1) immer größere Bedeutung im heutigen Musikleben zu. Entsprechend ihrer Zweckbestimmung ist sie – von Ausnahmen bei groß besetzten Werken der zeitgenössischen Musik abgesehen – klein und handlich, vor allem aber – auch wegen der höheren Auflagen – ungleich preisgünstiger. Erst die Studienpartitur – analog zum Taschenbuch auch Taschenpartitur genannt – hat dem Musikliebhaber einen breiten Zugang zur Benutzung von Partituren geöffnet. Noch bis vor wenigen Jahrzehnten wurden die großen Orchesterwerke von Musikliebhabern mit einem Klavierauszug, also einer Klavierfassung des Werks, am Klavier studiert. Heute steht dazu die Studienpartitur und – zumindest bei den Werken des gängigen Konzertrepertoires – die Aufnahme auf Schallplatte oder Tonband zur Verfügung. Die Studienpartitur ist eine ebenso vollständige Partitur wie die Dirigierpartitur. Sie entsteht heute meist als fotomechanische Verkleinerung aus der Dirigierpartitur. Erste kleinformatige Partituren gab es bereits nach 1820, z. B. auch von einigen Sinfonien Beethovens. Aber

1. Die Größenverhältnisse von Dirigier- und Studienpartitur
(Ludwig van Beethoven, 5. Sinfonie)

erst gegen 1900, durch den Aufbau der Taschenpartituren-Edition des Leipziger Verlegers Ernst Eulenburg, begann die Studienpartitur den Platz einzunehmen, den sie heute im Musikleben hat. Inzwischen werden auch Klavier- und Kammermusikwerke im Taschenformat gedruckt. Ebenfalls vollständige Partituren sind die sogenannten Realisationspartituren der Elektronischen Musik. Sie haben allerdings ein völlig anderes Aussehen als die üblichen Partituren für traditionelle Orchesterinstrumente; sie bestehen aus technischen Anweisungen, Blockschaltbildern, Einstellvorschriften usw. für die elektronischen Klangerzeuger. Solche Realisationspartituren eignen sich nicht zum Verfolgen der nach ihnen produzierten Musik, sie werden meist auch nicht veröffentlicht. Von einigen Werken wurden aber nach der Produktion vereinfachte, mit grafischen Klangsymbolen arbeitende Hör- oder Mitlesepartituren geschaffen.

Ein interessanter Versuch, dem Laien das Partiturstudium zu erleichtern, wurde mit der Entwicklung der sogenannten Einheitspartitur unternommen. Um die Leseschwierigkeiten möglichst zu reduzieren, werden alle Stimmen im Violinschlüssel notiert. Die Einheitspartitur hat sich aber nicht durchsetzen können.

Das Bestreben, Schwierigkeiten beim Partiturlesen möglichst zu verringern, hat neben der Einheitspartitur für das praktische Musizieren verschiedene Arten reduzierter Partituren geschaffen. Bei diesen sogenannten Spiel- und Sing- oder Chorpartituren werden die Stimmen, die die jeweiligen Spieler oder Sänger einer Gruppe des Gesamt-Ensembles auszuführen haben, vollständig abgedruckt, die übrigen weggelassen, nur angedeutet oder für Klavier zusammengefaßt. Die Chor- oder Singpartitur enthält z. B. nur die Chorstimmen eines mit Soli, Chor und Orchester besetzten Werkes vollständig als Partitur; die Bezeichnung wird auch für die Partitur eines unbegleiteten, sogenannten a-cappella-Chorwerkes verwendet. Ein extremer Versuch, eine Partitur für Laien zu vereinfachen, wurde mit der sogenannten Melodielinienpartitur oder englisch »Melodic line score« unternommen. Sie reduziert die Musik meist auf eine einzige Melodielinie; eine solche Beschränkung hat mit dem Lesen einer Partitur allerdings kaum noch etwas zu tun.

Neben der Dirigier- und Studienpartitur spielt im heutigen Musikleben der Klavierauszug die wichtigste Rolle – strenggenommen handelt es sich auch hier um eine »reduzierte« Partitur. Alle wesentlichen Orchesterstimmen werden darin in einem Klavierpart, dem eigentlichen Klavier-»Auszug«, zusammengefaßt, die Instrumentierung wird meist durch zusätzliche Angabe der Instrumentennamen an den jeweiligen Einsatzstellen angedeutet. Der Klavierauszug kann die Orchesterstimmen fast vollständig zusammenfassen, was oft zu erheblichen Anforderungen an

2. Partitur und Klavierauszug mit Chorstimmen im Vergleich
(Johann Sebastian Bach, Johannes-Passion)

3. Adolph Menzel: Die Familie Menzel (1845)

den Pianisten führt; ein solcher Klavierpart kann allerdings vom Pianisten noch vereinfacht werden. Der Klavierauszug kann aber auch von vornherein relativ einfach arrangiert sein. Kommen Solostimmen und/oder ein Chor hinzu, so werden sie über dem Klavierpart vollständig abgedruckt, seltener in die Klavierstimme einbezogen.

Heute wird der Begriff Klavierauszug ausschließlich als »pars pro toto« für diese Form der Vokal-Partitur mit unterlegtem Klavierauszug bei Opern, Oratorien und Kantaten verwendet. Klavierbearbeitungen von Orchesterwerken sind kaum mehr üblich; bei Solokonzerten spricht man von »Ausgaben für zwei Klaviere, für Violine und Klavier« etc. Klavierauszüge sind zur Einstudierung großer Werke für Chor- und/oder Solosänger mit Orchester heute nahezu unentbehrlich. Für den einzelnen Sänger bieten sie den geschätzten und für die Aufführung natürlich sehr nützlichen Vorteil, daß jeder einzelne das gesamte musikalische Geschehen verfolgen kann, auch wenn er z. B. längere Zeit zu pausieren hat. Den ersten Takt eines Chorsatzes (Nr. 5) aus der Johannes-Passion von Johann Sebastian Bach zeigt Abb. 2 (S. 13) im Vergleich von Partitur und

Klavierauszug. Das Orchester ist von oben nach unten mit Oboe I und II, Violine I und II, Viola und, in der untersten Notenzeile eingetragen, mit Organo (Orgel) und Continuo (das bedeutet hier: Violoncello, Kontrabaß und Fagott) besetzt. Im Klavierauszug sind diese Stimmen so zusammengefaßt, daß die zehn Finger eines Pianisten sie spielen können. Auf die Besetzung weisen die Worte »Violinen (ohne Fl.)« hin. Die Violinen bestimmen den Klangcharakter, die Bemerkung »ohne Fl(öten)« bezieht sich auf einen ähnlichen vorangehenden Chorsatz, bei dem zwei Flöten zusammen mit den Violinen spielen. Im wesentlichen greift der Pianist mit der rechten Hand den Part der Violine I, mit der linken die Baßstimme (Organo) sowie die Stimmen von Violine II und Viola.

Die ersten Klavierauszüge kamen um die Mitte des 18. Jahrhunderts heraus. Aber erst nach 1830 begann die große Zeit des Klavierauszugs, nachdem das lithographische Druckverfahren billige Ausgaben in hoher Auflage ermöglicht hatte. Die großen sinfonischen Werke waren auch als Auszüge für Klavier zu vier Händen weit verbreitet. Das vierhändige Spiel an einem Klavier war zu Mozarts Zeit aufgekommen; das vierhändige Spiel an zwei Klavieren oder anderen Tasteninstrumenten ist schon wesentlich früher gepflegt worden. Der Maler Adolph von Menzel hat 1845 eine Szene festgehalten, bei der seine Tochter Emilie und sein Sohn Richard vierhändig am Klavier musizieren (Abb. 3). Auch berühmte Komponisten, besonders Franz Liszt, haben Klavierauszüge angefertigt. Dem Kennenlernen eines Werkes dient heute weitgehend die Partitur in Verbindung mit einer Tonaufnahme, weniger ein Studium des Klavierauszugs.

3. Das Schriftbild der Partitur
Stimmen, Zeilen, Klammern

Orchesterinstrumente sind im allgemeinen Melodieinstrumente, ihre Stimme wird auf einer einzelnen Notenzeile aufgezeichnet. Ausnahmen machen die Streichinstrumente, die Akkorde spielen können und gelegentlich auch im Orchester in Akkorden zu spielen haben, deren Stimmen aber dennoch auch dann nur in jeweils einer Zeile notiert werden; Harfe, Celesta, Klavier und Xylophon benötigen hingegen je zwei Notenzeilen.

Um in der Partitur Platz zu sparen und die Übersichtlichkeit zu verbessern, können zwei oder mehr Stimmen in einer Notenzeile vereint werden. So sind in der Regel je zwei gleiche Bläserstimmen zusammengefaßt, zwei Flöten, zwei Oboen usw.; bei den Streichern ist das nicht üblich. Sollen zwei oder drei Instrumente, die zusammen in derselben Zeile notiert sind, dasselbe spielen, zeigen das entweder nach oben und unten weisende Notenhälse an derselben Note an, oder es steht die Anweisung »zu 2« bzw. »zu 3«, italienisch »a 2«, »a 3«, gesprochen »a due« und »a tre«; oft ist einfach »1., 2.« bzw. »1., 2., 3.« hinzugefügt. Die Fortsetzung mit nur einem Instrument wird durch die jeweilige Ziffer 1. oder 2. für das betreffende Solo angezeigt.

Im Gegensatz zu den Bläsern ist bei den Streichinstrumenten jede Stimme mehrfach, man sagt chorisch, besetzt: in einem kleinen Orchester gibt es z. B. 6 erste Violinen, in einem großen 16 oder in Ausnahmefällen gar 24. Deshalb können die Streicherstimmen auch in mehrere Spielergruppen und damit Einzelstimmen geteilt werden. Wenn die Teilung nicht durch die Notierung deutlich wird, steht »geteilt« oder italienisch »divisi« bzw. »div.«.

Um die Anordnung der Stimmen übersichtlicher zu gestalten, gliedern verschiedene Klammern – sogenannte Akkoladen-Klammern – zusammengehörige Notenzeilen. Da gibt es zunächst den »Kopfstrich«, eine durchgehende Linie, die alle Stimmen verbindet. Gerade, an den Enden geschweifte Klammern umfassen jeweils die Gruppe der Streichinstrumente, Blechblasinstrumente und Holzblasinstrumente. Zusätzlich kennzeichnen geschweifte Klammern zunächst alle Stimmen mit zwei Notenzeilen wie z. B. Harfe und Klavier, sodann geschweifte oder feine eckige Klammern Notenzeilen mit gleichen Instrumenten, z. B. die Stimmen aller Hörner oder Violinen. Violoncello und Kontrabaß werden gelegentlich mit einer geschweiften Klammer verbunden, weil sie zunächst, d. h. bis gegen 1800, aus derselben Stimme gespielt hatten, aber auch danach vielfach gleiche oder ähnliche Stimmen haben. Die Taktstriche der Partitur sind in älteren Partiturdrucken für alle Notenzeilen von oben nach unten durchgezogen, heute, der besseren Übersichtlichkeit wegen, nur innerhalb derselben Gruppen, die auch durch gerade Klammern zusammengefaßt sind. Zur Unterscheidung von der einzelnen Notenzeile wird eine Zeile der ganzen Partitur als Notensystem bezeichnet. Vielfach wird auch die einzelne Zeile als Notensystem (der fünf Notenlinien) bezeichnet, die gesamte Partitur-»Zeile« nach den vorgesetzten »Akkoladen-Klammern« als Akkolade. Wenn auf einer Partiturseite mehr als ein System aufgezeichnet ist, wird das zweite und alle weiteren Systeme durch zwei Schrägstriche markiert.

An den Partiturbeispielen auf den beiden folgenden Seiten (Abb. 4 und 5) wird das Gesagte nochmals verdeutlicht.

Eines muß hier gleich hinzugefügt werden – in fast jedem Kapitel wäre daran zu erinnern –: es gibt keine einheitlich verbindlichen Regeln, wie eine Partitur zu gestalten ist. Es gibt nur eine gewachsene, relative Einheitlichkeit. Bestimmte Traditionen der einzelnen Verlage im Notenstich und unterschiedliche Richtungen der musikalischen Entwicklung ergeben immer wieder Abweichungen von den denkbaren allgemeinen Regeln einer »Idealpartitur«. Dies gilt eigentlich für fast alle Feststellungen, immer kann eine Ausnahme herbeigebracht werden, gibt es Modifikationen, die oft auch aus rein praktischen, nicht musikalischen, Gründen erforderlich werden können.

Feststellen der Besetzung

Eine der ersten Fragen, die man sich bei der Beschäftigung mit einer Partitur stellt, gilt der Besetzung des Orchesters. Zweckmäßig wäre es, wie bei einem Schauspiel am Anfang alle Personen genannt sind, eine Liste der Orchesterinstrumente der Partitur voranzustellen. Dies ist aber nicht immer üblich, vielleicht weil die »handelnden Personen« – die Instrumente – in jeder Zeit einem gewissen Schema folgen. Leider ist die Zahl der Ausnahmen aber recht groß. Wo kann die Besetzung also abgelesen werden?

Im allgemeinen gibt die erste Partiturseite Auskunft über die Besetzung. Hier stehen alle Stimmen untereinander mit genauen Angaben der jeweiligen Instrumente. Hier sind auch die Stimmen und Instrumente berücksichtigt, die zu Beginn des Werks nicht spielen, sie haben dann eine Notenzeile lang Pausen. Im weiteren Verlauf der Partitur werden dann, um Platz einzusparen, nur noch die Stimmen abgedruckt, die auch wirklich zu spielen haben. Stehen also auf der ersten Partiturseite auch Stimmen, die nur Pausen haben, so kann man mit einiger Sicherheit

Um die Orientierung innerhalb einer Partitur zu erleichtern und die Verständigung zwischen Dirigent und Musikern während einer Orchesterprobe zu ermöglichen, werden die Takte mit »Taktzählern« versehen, die an den Anfang eines jeden Systems oder im Abstand von 5 oder 10 Takten gesetzt werden.

Bei Flöten, Oboen und Klarinetten sind zwei Stimmen in einer Notenzeile zusammengefaßt. Spielen sie denselben Ton, erhält der Notenkopf zwei Hälse.

Gleiche Instrumente – hier Hörner, Trompeten und Posaunen – werden durch eine geschweifte Klammer zusammengefaßt.

Die Taktstriche sind hier durch die gesamten Bläserstimmen durchgezogen sowie jeweils durch die Harfenstimme und die Streicherstimmen.

Die Harfe benötigt zur Notation zwei Notenzeilen, sie werden wie beim Klavier durch eine geschweifte Klammer vereint.

Die einzelnen Instrumentengruppen, Holzbläser, Blechbläser und Streicher werden jeweils durch gerade Klammern zusammengefaßt.

Obwohl Violoncelli und Kontrabässe unterschiedliche Instrumente sind, werden sie oft durch eine geschweifte Klammer verbunden, weil ihre Stimmen meist sehr ähnlich sind.

4. Stimmen und Klammern
(Richard Wagner: *Meistersinger*-Vorspiel)

»div.« heißt »divisi«, geteilt, die eine Hälfte der I. Violine spielt den oberen, die andere den unteren Ton des Tremolos.

Zwei Schrägstriche markieren deutlich das neue Notensystem.

Einige markante Stellen der Partitur sind mit sogenannten Studier-Buchstaben – hier O – gekennzeichnet, die es dem Dirigenten ermöglichen, in der Probe Einsatzstellen genau anzugeben.

Die Bezeichnung Tutti zeigt an, daß ab hier wieder alle II. Violinen spielen sollen, einige Takte davor sollte nur die Hälfte spielen.

Die Stimme der Bratschen (»Br.«) ist hier nicht auf zwei Spielergruppen aufgeteilt, dieses Intervall kann von jedem Spieler zugleich gestrichen werden.

5. Stimmen, Zusatzzeichen und -anweisungen
(Richard Strauss: *Don Juan*)

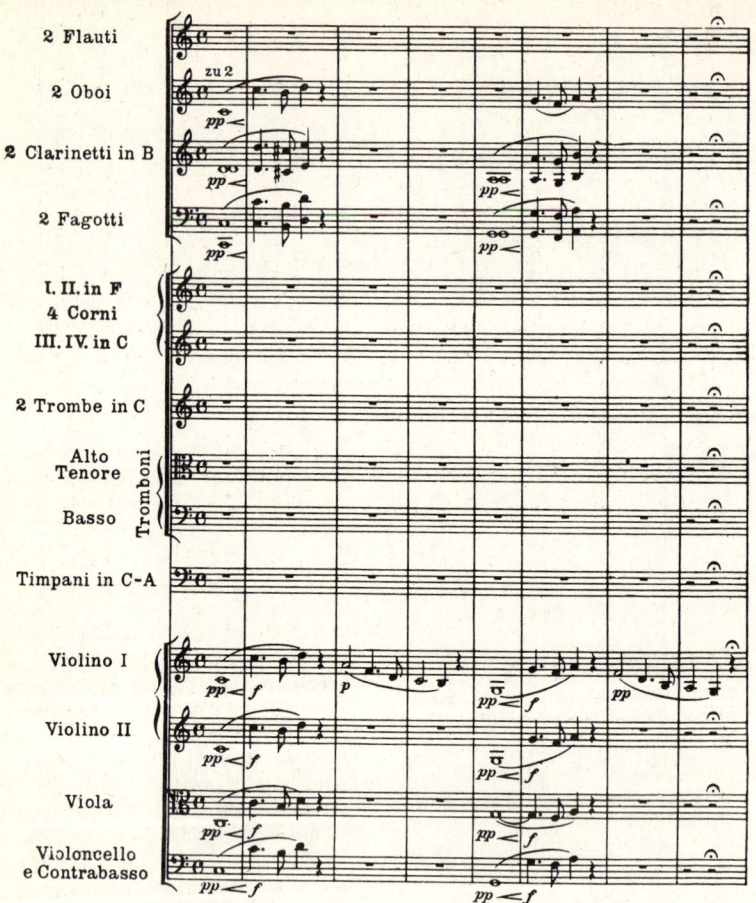

6. Vollständige Besetzungsangabe auf der ersten Partiturseite
(Carl Maria von Weber: *Freischütz*-Ouvertüre)

davon ausgehen, daß hier die gesamte Besetzung aufgeführt ist (Abb. 6).
Nicht angegeben ist aber in diesem Fall, daß möglicherweise ein Spieler
sein Instrument im Laufe des Werks zeitweise gegen ein sogenanntes
Nebeninstrument austauschen soll, daß der zweite Flötist z. B. zeitweise
die Piccoloflöte spielen soll oder der zweite Oboist das Englisch Horn.
Nur durch eine sorgfältige Durchsicht der Partitur kann dies herausgefun-
den werden.

7. Unvollständige Besetzungsangabe auf der ersten Partiturseite, im Vergleich dazu die letzte Seite mit der vollständigen Besetzung (Richard Strauss: *Till Eulenspiegels lustige Streiche*)

Die meisten Kompositionen bestehen aus mehreren Sätzen, formal in sich abgeschlossenen Teilen der Komposition, die auch bei der Aufführung durch längere Pausen voneinander getrennt werden. Die einzelnen Sätze haben durchaus nicht immer dieselbe Besetzung. Zur Zeit der Wiener Klassik war es z. B. üblich, im zweiten Satz einer Sinfonie oder eines Instrumentalkonzerts die Trompeten und Pauken wegzulassen. In Beethovens berühmter fünfter Sinfonie wird die Besetzung zwar im langsamen Satz nicht reduziert, dafür jedoch im letzten Satz erweitert: es kommen eine Piccoloflöte, ein Kontrafagott und drei Posaunen hinzu. Die Frage nach der Besetzung ist also für jeden Satz neu zu stellen. Im allgemeinen fordert allerdings der erste Satz schon die gesamte Besetzung; eine Steigerung bringt höchstens der letzte Satz.

Leider gibt es viele Partituren, die weder eine Besetzungsliste enthalten, noch auf der ersten Seite die vollständige Besetzung wiedergeben.

Tabelle der Instrumentennam

deutsch	italienisch	
Holzblasinstrumente		
Piccoloflöte	(flauto) piccolo, ottavino	
(große) Flöte	flauto (grande)	
Altflöte	flauto contralto	
Blockflöte	flauto dolce	
Oboe	oboe	
Englisch Horn	corno inglese	
Fagott	fagotto	
Kontrafagott	contrafagotto	
Klarinette	clarinetto	
Bassetthorn	corno di bassetto, clarone	
Baßklarinette	clarinetto basso	
Sopransaxophon	saxofono soprano	
Altsaxophon	saxofono contralto	
Tenorsaxophon	saxofono tenore	
Baritonsaxophon	saxofono baritono	
Baßsaxophon	saxofono basso	
Blechblasinstrumente		
Trompete	tromba	
Horn (Ventil-)	corno (a pistoni)	
Posaune	trombone	
Tuba	tuba bassa	

Das ist dann daran zu erkennen, daß keine Notenzeile durchgehend mit Pausen versehen ist oder daß die angegebene Besetzung ungewöhnlich erscheint. Hier hilft nur, den weiteren Verlauf der Partitur zu verfolgen. Meistens lohnt sich zunächst ein Blick auf die letzte Seite der Partitur, weil die Komponisten oft gegen Ende eines Werks nochmals alle klanglichen Mittel aufbieten, um einen wirkungsvollen Schluß zu gestalten. Abb. 7 (S. 21) zeigt die erste und die letzte Seite einer solchen Partitur. Auf der ersten Seite sind nur je zwei Flöten, Klarinetten und Fagotte sowie die Streichinstrumente genannt, die letzte Seite zeigt aber, daß es sich in Wahrheit um eine Riesenbesetzung handelt.

Die Namen der Instrumente sind im allgemeinen in Italienisch, der internationalen Musikersprache, genannt. Italienische Musik und italienische Musiker haben vor allem im 17. und 18. Jahrhundert das Musikleben Europas bestimmt. Da dies zugleich die Zeit war, in der die Partitur

erschiedenen Sprachen

englisch	französisch
piccolo, octave flute	piccolo, petite flûte
(concert) flute	(grande) flûte
bass flute	flûte alto
recorder	flûte douce, flûte à bec
oboe	hautbois
english horn	cor anglais
bassoon	basson
double bassoon	contrebasson
clarinet	clarinette
basset horn	cor de bassette
bass clarinet	clarinette basse
soprano saxophone	saxophone soprano
alto saxophone	saxophone alto
tenor saxophone	saxophone ténor
baritone saxophone	saxophone baryton
bass saxophone	saxophone basse
trumpet	trompette
horn	cor (à pistons)
trombone	trombone
bass tuba	tuba

Schlaginstrumente

Pauken	timpani
große Trommel	gran cassa
kleine Trommel	cassa chiara
Militärtrommel	tamburo militare
Provenzalische Trommel	tamburo provenzale
Rührtrommel	tamburo basso
Holzblock	cassettina (di legno)
Tamtam	tam tam
Gong	gong
Triangel	triangolo
Becken	piatto
Glocke	campana

Stabspiele

Xylophon	silofono
Glockenspiel	campanelli

Zupfinstrumente

Harfe	harpa
Gitarre	chitarra
Laute	liuto

Tasteninstrumente

Klavier	pianoforte
Cembalo	clavicembalo
Orgel	organo
Celesta	celesta

Streichinstrumente

Violine	violino
Viola	viola
Violoncello	violoncello
Kontrabaß	contrabasso, basso, violone

entwickelt wurde, haben sich die italienischen Benennungen eingeführt, natürlich nicht nur für die Instrumente, sondern auch für die Angaben über Tempo, Vortrag, Dynamik usw. Die nationalbewußten Bestrebungen des 19. Jahrhunderts haben dazu geführt, daß teilweise national-sprachliche Bezeichnungen bevorzugt wurden, so daß sehr häufig auch deutsche, seltener französische, in neuerer Zeit aber auch englische Instrumentennamen anzutreffen sind. Die Tabelle oben nennt die verschiedenen Bezeichnungen.

timpani, kettle-drums	timbales
bass (big) drum	grosse caisse
snare (small) drum	caisse claire
military (side) drum	tambour (militaire)
tabor (drum of Provence)	tambourin (provençal)
long drum	grand tambour
wood block, Chinese block	bloc en bois
tam-tam	tam-tam
gong	gong
triangle	triangle
cymbal	cymbale
(steeple) bell	(grande) cloche
xylophone	xylophone
bells, glockenspiel	jeu de timbres, glockenspiel
harp	harpe
guitar	guitare
lute	luth
piano	piano
harpsichord	clavecin
organ	orgue(s)
celesta	célesta
violin	violon
viola	alto
violoncello	violoncelle
double bass	contrebasse

Während zu Beginn eines Werks bzw. zu Beginn jedes Satzes die Instrumentennamen voll ausgeschrieben werden, folgen im Verlauf der Partitur nur noch Abkürzungen; bei den Studienpartituren werden vielfach bei gleichbleibender Besetzung die Instrumentenbezeichnungen ganz fortgelassen und Wechsel nur durch Angaben über den neu hinzukommenden Notenzeilen angezeigt. Auf der nächsten Seite sind die wichtigsten Abkürzungen genannt, viele von ihnen gelten zugleich in allen Sprachen (siehe dazu auch die Tabelle der Instrumentennamen):

kleine Flöte (Piccolo-Flöte): kl. Fl., Picc., pte. Fl.
(große) Flöte: gr. Fl., Fl.
Oboe (Hoboe): Ob., Hb., Hautb.
Englisch Horn: E. H., C. I., Cor A.
Klarinette: Kl., Cl.
Baßklarinette: B. Kl., Cl. B.
Fagott: Fg., B^{on}., Bssn.
Kontrafagott: K. Fg., C. Fg., C. B^{on}., dBssn.

Horn: Hrn., Cor.
Trompete: Tr.
Posaune: Pos., Ps., Trb.
Tuba: Tb., T.b.

Pauke: Pk., Timp., Timb.
große Trommel: gr. Tr., gr. C., B. Dr.
kleine Trommel: kl. Tr., C. ch.
Becken: Bck., B., Cymb.

Violine: Vl., Vln.
Viola: Vla., Va., Vle.
Violoncello: Vc., Vcl.
Kontrabaß: Kb., Cb., B.

Die Partituranordnung

Die Stimmen des Orchesters sind in der Partitur nach bestimmten Prinzipien angeordnet. Diese haben sich im 19. Jahrhundert parallel mit der Entstehung des Berufsdirigententums entwickelt. Davor, aber auch später, gibt es abweichende Anordnungen, sogar besondere Anordnungen in den Werken einzelner Komponisten. Solche Besonderheiten werden teilweise auch heute noch in Neudrucke übernommen, oder sie finden sich in älteren, noch benutzten Drucken.

Abb. 8 zeigt den Beginn von Franz Schuberts 8. Sinfonie – korrekt, nach der Reihenfolge der Entstehung, ist es eigentlich seine 7. –, der sogenannten Unvollendeten, in der typischen Besetzung der Klassik. Prinzip dieser heute üblichen Partituranordnung ist es, die drei Instrumentengruppen des Orchesters – jeweils durch gerade Klammern zusammengefaßt – untereinander zu notieren. Die Schlaginstrumente haben ihren Platz unter den Blechblasinstrumenten, ohne in sich durch eine Klammer vereint zu sein. Innerhalb der Gruppen bestimmt die Tonlage

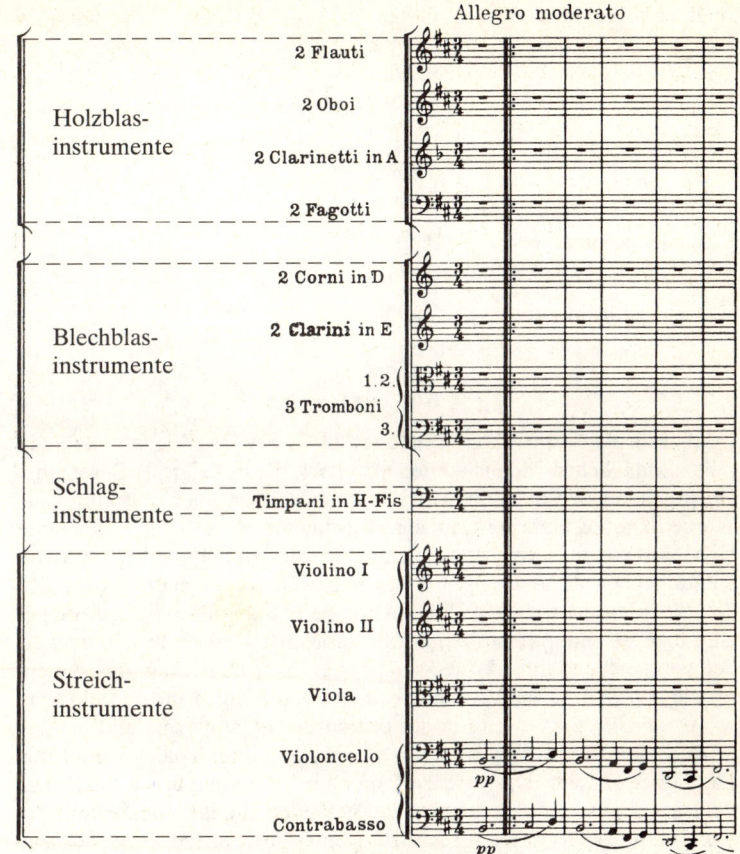

8. Prinzipien der Partituranordnung bei mittelgroßer Besetzung
(Franz Schubert: 8. Sinfonie)

der Instrumente die Reihenfolge; das höchste Instrument steht an oberster Stelle, das tiefste an unterster. Davon machen nur die Hörner eine
Ausnahme: der Tonlage nach wäre ihr Platz zwischen Trompeten und
Posaunen, sie werden dennoch an oberster Stelle bei den Blechbläsern
notiert, damit sie nahe bei den Holzbläsern stehen, mit denen sie sich
klanglich außerordentlich gut vermischen und mit denen sie deshalb oft
zusammenspielen. Es ergibt sich also die folgende übliche Anordnung der
Stimmen in einer Partitur mit mittelgroßer Besetzung:

Holzblasinstrumente:	Flöten
	Oboen
	Klarinetten
	Fagotte
Blechblasinstrumente:	Hörner
	Trompeten
	Posaunen
Schlaginstrumente:	Pauken
	Schlagzeug
Streichinstrumente:	Violinen
	Violen
	Violoncelli
	Kontrabässe

Im 19. Jahrhundert wird das Orchester durch weitere Blasinstrumente in seinen klanglichen Möglichkeiten erweitert, die mittelgroße Besetzung, entsprechend der Schubert-Partitur, gilt daneben aber noch für viele Werke. Die zusätzlichen Holzblasinstrumente werden als sogenannte Nebeninstrumente von den Spielern der dazugehörigen Hauptinstrumente geblasen, das Englisch Horn also z. B. von einem Oboisten. Zu den Blechblasinstrumenten kommt vor allem die Baßtuba hinzu, sie gilt allerdings als Hauptinstrument. Alle zusätzlichen Blasinstrumente werden entsprechend ihrer Tonlage über oder unter ihren Hauptinstrumenten eingeordnet. Eine Ausnahme bildet gelegentlich die Piccoloflöte: wenn sie z. B. vom zweiten oder dritten Flötisten alternierend mit der großen Flöte geblasen wird, kann sie entgegen ihrer Tonlage unter den Flöten notiert sein. Das Streicherensemble des Orchesters hat schon in der Barockzeit die Zusammensetzung gefunden, die es bis heute behalten hat. Die vollständige Bläserbesetzung eines großen Orchesters hat also die folgende Anordnung in der Partitur:

Hauptinstrumente

Nebeninstrumente

Holzblasinstrumente:	Piccoloflöte
	Flöten
	Oboen
	Englisch Horn
	Kleine Klarinette
	Klarinetten
	Baßklarinette

                              Fagotte
                              Kontrafagott

Blechblasinstrumente: Hörner
                             Trompeten
                             Posaunen
                             Baßtuba

Innerhalb der Schlaginstrumente stehen oben meist die Pauken, da sie auf genaue Tonhöhen gestimmt werden können und deshalb nicht nur Rhythmus-Instrumente sind. Sie sind zugleich Baßinstrumente, die in der Barockzeit ausschließlich mit den Trompeten zusammenspielten und diese musikalische Funktion in einem gewissen Maße auch später behalten haben. Darunter folgen dann die übrigen Schlaginstrumente mit unbestimmter Tonhöhe: Triangel, Becken, Trommeln usw.

Die Harfe ist das einzige Zupfinstrument, das in das Orchester Eingang gefunden hat. Ihr Platz in der Partitur ist zwischen der Schlagzeuggruppe und den ersten Violinen.

Relativ selten begegnen Saxophone im klassischen Orchester; sie stehen dann unter den Holzbläsern oder unter den Blechbläsern. Ein ebenfalls seltener Gast in klassisch-romantischer Orchestermusik ist die Orgel, ihr Platz ist im allgemeinen unter den Kontrabässen.

Über der ersten Violine wird bei Solokonzerten die Stimme des Instrumentalsolisten eingefügt, z. B. die Solovioline in einem Violinkonzert.

Für die Stimmen eines Chores und der Gesangssolisten in den großen Chorwerken, den Oratorien, Messen und einigen Sinfonien, und in Opern gibt es heute zwei Möglichkeiten der Einordnung: Der Chor, darüber die Gesangssolisten, können zwischen Violoncello und Viola eingeschoben sein. Diese traditionsgebundene Anordnung geht auf die Barockmusik zurück; hier bilden Baßstimme und Gesangsstimmen in Opern, Oratorien usw. den musikalischen Kern der Komposition; sie wurden deshalb unmittelbar übereinander notiert. Diese Tradition ist z. B. noch bei Richard Wagner wirksam gewesen (Abb. 9a, S. 30). Die zweite Möglichkeit für die Einordnung der Gesangsstimmen weist ihnen den Platz über der ersten Violine zu (Abb. 9b). Der Chor hat im allgemeinen vier Stimmen (italienisch in Klammern):

Sopran   (Soprano)
Alt   (Alto)
Tenor   (Tenore)
Baß   (Basso)

Dies sind auch die wichtigsten Stimmlagen der Solosänger, dazu kommt noch der Mezzosopran als tiefe Sopranstimme und der Bariton als hohe

9. Einordnung von Gesangsstimmen in die Partitur
a) Einordnung über die Violoncelli (Wolfgang Amadeus Mozart: Requiem)
b) Einordnung über die Violine I (Ludwig van Beethoven: 9. Sinfonie)

Baßstimme. Wenn in der Partitur nur Sopran, Alt, Tenor, Baß – abgekürzt S., A., T., B. – vermerkt ist, kann dies zunächst Solisten oder Chor
bedeuten. »Tutti« über der jeweiligen Stimme fordert dann den Chor
(Abb. 9a) und »Solo« die Solisten.

Es soll nochmals gesagt sein: Für die Partituranordnung gibt es keine
Norm, sondern nur eine stillschweigende allgemein anerkannte Praxis,
sie wurde hier dargestellt. Häufig genug sind aber die Abweichungen von

dieser Praxis. Oft fehlt die klare Zusammenfassung der Instrumentengruppen durch Klammern. Oft wird auch eine andere Reihenfolge der Instrumente gewählt. Richard Wagner hat z. B. die Hörner den Holzblasinstrumenten zugeordnet und Nebeninstrumente streng nach der Tonlage eingefügt; so stehen untereinander: Piccoloflöte, Flöten, Oboen, Klarinetten, Englisch Horn, Hörner, Fagotte, Baßklarinette. Solche Besonderheiten haben teils konkrete musikalische Gründe, die es rechtfertigen, die Abweichungen von der üblichen Praxis beizubehalten, teils werden sie bei Neudrucken aber auch der üblichen Norm angeglichen.

In Abb. 10 (S. 32) ist nochmals eine große Orchesterbesetzung mit Chor und Solisten zusammengestellt wie sie in einem Werk der Spätromantik denkbar wäre.

Bei Partituren von Kammermusik gibt es zwei Prinzipien der Stimmanordnung: Entweder sind die Stimmen nach ihrer Tonlage geordnet, oder es werden die Gruppierungen der Orchesterpartitur sinngemäß übernommen. Abb. 11 a (S. 33) zeigt als Beispiel den Anfang des zweiten Brandenburgischen Konzerts von Johann Sebastian Bach. Die Trompete als höchstes Instrument steht ganz oben im solistisch besetzten »Concertino«. Die in der Barockzeit verwendeten Trompeten haben aufgrund ihrer Bauweise einen schlanken Klang, der sich gut mit dem der übrigen Soloinstrumente, sogar mit der Blockflöte, mischt; das Werk sollte also keinesfalls als »Trompetenkonzert« mißverstanden werden. Darunter folgt die Blockflöte; zu Bachs Zeit bedeutete die Angabe Flöte (Flauto) ohne einen Zusatz im allgemeinen noch Blockflöte. Darunter kommen Oboe und Violine, sodann ein kleines Streichorchester; »di ripieno« sagt, daß die Stimmen mehrfach zu besetzen sind. Die Anordnung der vier Soloinstrumente in den ersten vier Notenzeilen ist so nicht zwingend, auch andere Lösungen wären hier denkbar. Abb. 11 b zeigt bei einem Kammermusikwerk die Partituranordnung entsprechend einer Orchesterpartitur. Drei gerade Klammern fassen je die beiden Holzblasinstrumente, das Horn sowie die Streichinstrumente zusammen, es handelt sich sozusagen um eine kleine Orchesterpartitur. Abb. 11 c ist ein Beispiel für ein Kammermusikwerk mit Klavier. Das Klavier steht dabei stets unten, darüber die übrigen Instrumente – geordnet nach den zwei genannten Möglichkeiten.

Piccolo
2 Große Flöten
2 Oboen
Englisch Horn
2 Klarinetten
Baßklarinette
2 Fagotte
Kontrafagott

8 Hörner 1./2.
3./4.
5./6.
7./8.

4 Trompeten 1./2.
3./4.

4 Posaunen 1./2.
3./4.

Baßtuba

3 Pauken
Triangel
Becken
Große Trommel

2 Harfen 1.
2.

Solisten Sopran
Alt
Tenor
Baß

Chor Sopran
Alt
Tenor
Baß

Violine I
Violine II
Viola
Violoncello
Kontrabaß

Orgel

10. Große Orchesterbesetzung mit Chor und Gesangssolisten

11. Verschiedene Kammermusikpartituren
a) Anordnung nach der Tonlage (Johann Sebastian Bach:
2. Brandenburgisches Konzert)
b) Anordnung entsprechend einer Orchesterpartitur (Franz Schubert: Oktett)
c) Anordnung mit Klavier (Franz Schubert: »Forellenquintett«)

Die Notation der einzelnen Orchesterinstrumente

Die meisten Instrumente des Orchesters werden im Violinschlüssel notiert, einige im Baßschlüssel; Alt- und Tenorschlüssel finden sich in den Partituren seltener.

Die wichtigsten Instrumente, die im Violinschlüssel notiert werden, sind:

Violine

Flöte
(einschließlich Piccoloflöte, Altflöte, Blockflöte)

Oboe
(einschließlich Englisch Horn)

Klarinette
(einschließlich Altklarinette, Bassetthorn,
Baßklarinette)

Saxophon
(Sopransaxophon, Altsaxophon, Tenorsaxophon,
Baritonsaxophon, Baßsaxophon)

Horn

Trompete

Unter diesen Instrumenten gibt es auch einige, die eigentlich Tenor- oder Baßinstrumente sind, nämlich Altklarinette, Bassetthorn, Baßklarinette, Tenorsaxophon, Baritonsaxophon, Baßsaxophon sowie die tiefen Hörner. Die Notenschrift ist für diese und auch noch andere Instrumente eine Art Griffschrift, sie gibt nur die Anweisung für einen bestimmten Griff der Klappen bzw. Ventil-Tasten und bezeichnet nicht unmittelbar die zu spielende Tonhöhe. Man nennt solche Instrumente »transponierende Instrumente«; wir kommen anschließend nochmals darauf zurück.

Im Baßschlüssel werden vor allem die folgenden Instrumente notiert:

Violoncello

Kontrabaß

Fagott (einschließlich Kontrafagott)

Baßposaune

Tuba

Baßklarinette und Horn werden gelegentlich auch im Baßschlüssel notiert, üblicher ist aber der Violinschlüssel.

Im Alt- oder Bratschenschlüssel werden im allgemeinen nur zwei Instrumente notiert:

Viola

Altposaune

Im Tenorschlüssel steht die

Tenorposaune

gelegentlich Violoncello

gelegentlich Fagott

Das sind nur die wichtigsten Instrumente mit ihren üblichen Notierungen; es gibt jedoch in der Notierungsweise wie in der Anordnung der Stimmen immer wieder Abweichungen von den Regeln, die teils für bestimmte Komponisten gelten, teils auch nur für einzelne Partituren.

Bei der Notation der Schlaginstrumente hat sich im allgemeinen keine so einheitliche Art der Notierung entwickelt wie bei den anderen Instrumenten. Zunächst ist die Unterscheidung zwischen Instrumenten mit bestimmter und unbestimmter Tonhöhe wichtig. Alle Instrumente mit unbestimmter Tonhöhe, also Trommeln, Becken, Triangel, Tamtam u. a., werden bei der älteren Art der Notation in ein Fünfliniensystem notiert, entweder mit Baß- oder Violinschlüssel oder auch ohne Schlüssel. Die neuere Art der Notierung dieser Instrumente bedient sich einer einzelnen Linie. Vielfach werden auch mehrere Schlaginstrumente in ein System bzw. um eine Einzellinie herum zusammengefaßt.

Die Pauken als Schlaginstrumente mit bestimmter Tonhöhe werden ohne Vorzeichen im Fünfliniensystem im Baßschlüssel notiert. Die Stimmung wird am Anfang angegeben, entweder in Verbindung mit der Instrumentenbezeichnung oder über dem Notensystem, z. B. Timpani in A und E. Im Bedarfsfall sind diese Angaben auch der einzelnen Note vorangesetzt. Bis gegen 1800 wurden die Pauken in C notiert. Die jeweilige Stimmung wurde am Anfang angegeben.

Die Schlaginstrumente mit bestimmter Tonhöhe, also Marimbaphon, Xylomarimba, Xylophon, Vibraphon, Glockenspiel, Gong, Glocken, Zimbeln usw., werden teils im Baßschlüssel, teils im Violinschlüssel notiert; sie klingen wie notiert oder eine, seltener zwei Oktaven höher. Wegen der vielen Typen und Notierungsmöglichkeiten kann für diese Instrumente keine einheitliche Notationsweise angegeben werden.

Transponierende Instrumente

In der heutigen Musizierpraxis werden einige Blasinstrumente in unterschiedlichen Stimmungen verwendet. Diese Praxis rührt her aus der Zeit, als für die Blechblasinstrumente die Ventile noch nicht entwickelt waren, die es erst ermöglichen, durchgehende Tonleitern und alle Halbtöne zu spielen, und als der Klappenmechanismus der Holzblasinstrumente noch sehr einfach war. So verwendete man in jener Zeit z. B. Hörner immer in der Stimmung, die der Grundtonart des Stückes entsprach: in einem Sinfoniesatz in C-Dur sind Hörner in C vorgeschrieben, in einem Stück in E-Dur Hörner in E usw. Dementsprechend mußte der Spieler oft von einem Stück zum anderen oder sogar von Satz zu Satz das Instrument wechseln.

Heute, nachdem der Ventil- bzw. Klappenmechanismus der Blasinstrumente sehr verbessert wurde, werden verschieden gestimmte Instrumente wegen ihrer unterschiedlichen Klangfarben und Tonbereiche verwendet. So muß ein Klarinettist in der Regel verschieden große Instrumente spielen, die in B und A als Grundtonart gestimmt sind, vielfach auch noch Klarinetten in C und Es. Selten werden die übrigen Klarinetten verlangt, immerhin können es zehn verschiedene Instrumente sein. Sie unterscheiden sich äußerlich vor allem durch ihre Länge, während die sogenannte Applikatur, also das System von Klappen, Deckeln, Rollen, Hebeln usw., weitgehend gleich ist.

Die unterschiedlichen Längen der Klarinetten haben zur Folge, daß ein und derselbe Griff auf jeder Klarinette einen anderen Ton ergibt. Das heißt, trotz gleicher Applikatur müßte der Klarinettist die Griffe auf jeder Klarinette neu lernen. Das kann dadurch vermieden werden, daß nicht diejenige Tonhöhe in die Klarinettenstimme notiert wird, die erklingen soll, sondern eine Tonhöhe, die den Klarinettisten zu einem Griff veranlaßt, der der gewünschten Tonhöhe zugeordnet ist. Man geht dabei davon aus, daß der Klarinettist bei derselben Note in der Klarinettenstimme auf allen Instrumenten die gleichen Klappen greift. Notiert wird also nicht die erklingende Tonhöhe, sondern eine andere, die nur eine Griffanweisung darstellt. Die Schreibweise der Klarinettenstimme kann man deshalb als eine Griffschrift bezeichnen, denn sie gibt in erster Linie Griffe und erst davon ableitbar Tonhöhen an.

Man nennt solche Instrumente, bei denen die notierte und die erklingende Tonhöhe voneinander abweichen, »transponierende Instrumente«. Die meisten transponierenden Instrumente finden sich unter den Blasinstrumenten.

Hier ist dargestellt, welche Töne auf den verschiedenen Klarinetten erklingen, wenn der Ton c' notiert ist:

Notierter Ton: Erklingende Töne:

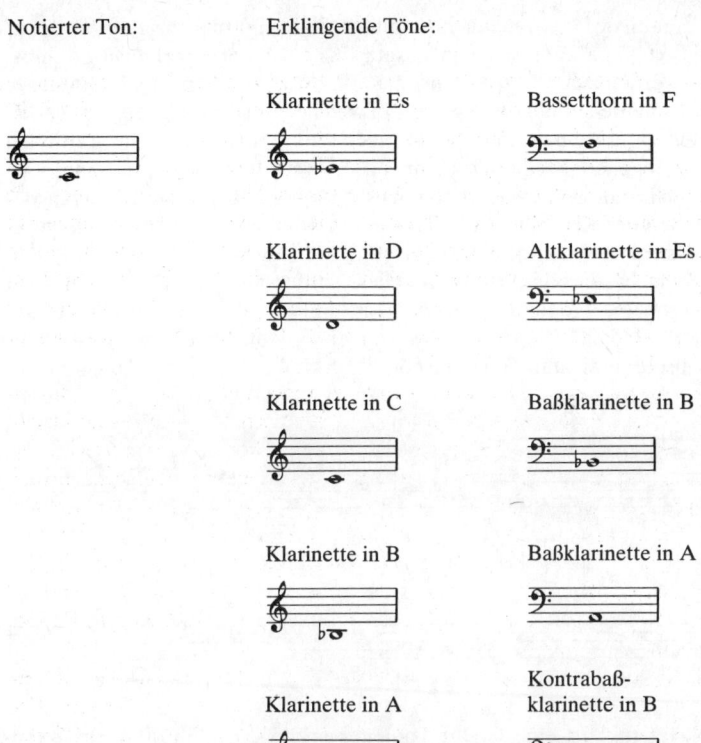

Klarinette in Es   Bassetthorn in F

Klarinette in D   Altklarinette in Es

Klarinette in C   Baßklarinette in B

Klarinette in B   Baßklarinette in A

Klarinette in A   Kontrabaß-
                          klarinette in B

Transponierende Instrumente in einer Partitur zu erkennen, ist einfach. Denn da steht nicht einfach »Klarinette«, sondern »Klarinette in A« zum Beispiel, »Trompete in...«, »Horn in...« usw., also immer der Zusatz »in...«, dann folgt ein Notenname. Der Zusatz »in...« gibt zu erkennen, wie sich notierter und erklingender Ton unterscheiden, z. B. bei der »Klarinette in Es«: notiert ist der Ton c', es erklingt der Ton es'. Der Zusatz »in...« gibt an, welcher Ton erklingt, wenn die Note c' geschrieben ist.

Leider ist die Praxis in einem Punkt weder genau noch konsequent. Statt »Klarinette in es'«, wie es genau genommen heißen müßte, steht nämlich meist »Klarinette in Es«. Zwischen den Tönen es' und Es sind aber genau zwei Oktaven Unterschied. Das heißt, daß jeweils die Grundstimmung des Instruments in standardisierter Form angegeben wird; auf die Oktavlage kann aus dem Zusatz »in . . .« in der Regel nicht geschlossen werden. Zur Feststellung der Oktavlage muß man die einzelnen Instrumente kennen und wissen, in welcher Lage sie spielen.

Jeden einzelnen Fall heute noch gebräuchlicher Transpositionen durchzugehen, ist hier nicht sinnvoll. Es werden deshalb zwei Transpositionen herausgegriffen, die sehr häufig vorkommen. Es sind die Transpositionen der Klarinette in B, bei weitem des wichtigsten Klarinettentyps, und die Transposition des Horns in F.

Zunächst die Klarinette in B – alles, was für dieses Instrument gilt, trifft auch für die Trompete in B, das Horn in B und andere Instrumente zu.

Hier sind die notierten und die klingenden Töne untereinander gestellt. Ist also eine C-Dur-Tonleiter notiert, erklingt eine B-Dur-Tonleiter:

Notiert:

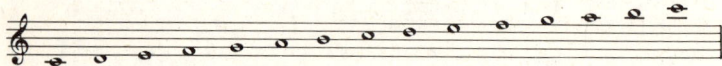

Erklingt:

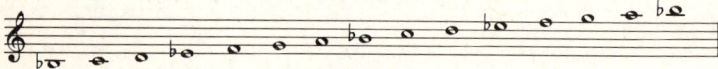

Soll umgekehrt eine C-Dur-Tonleiter erklingen, muß die Klarinettenstimme als D-Dur-Tonleiter geschrieben werden. Denn jeder Ton klingt einen Ganzton tiefer als notiert:

Notiert:

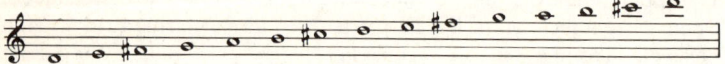

Erklingt:

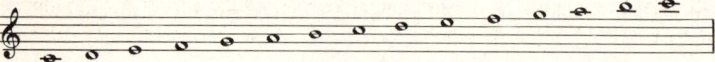

Und wie ist es bei dem zweiten, recht häufigen Fall des Transponierens? Betroffen sind vor allem die Instrumente Englisch Horn und Horn in F.

Jeder Ton klingt eine Quinte tiefer als notiert. Diese Instrumente werden ebenfalls im Violinschlüssel notiert:

Notiert:

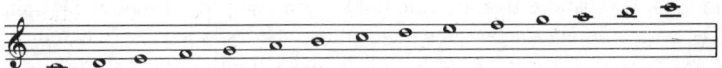

Erklingt:

Oft wird übersehen, daß auch die Instrumente, die eine Oktave höher oder tiefer klingen als notiert, zu den transponierenden Instrumenten gehören: Der Kontrabaß wird im Baßschlüssel geschrieben und klingt eine Oktave tiefer als notiert, ebenso das Kontrafagott:

Piccoloflöte, Sopranblockflöte und Celesta werden im Violinschlüssel notiert und klingen eine Oktave höher als notiert:

Die Gitarre wird im Violinschlüssel notiert und klingt eine Oktave tiefer als notiert; auch die menschliche Tenorstimme transponiert, sie wird wie die Gitarre im Violinschlüssel notiert und erklingt eine Oktave tiefer (in neueren Chorpartituren wird vielfach der Tenor korrekt im »oktavierenden« Violinschlüssel geschrieben):

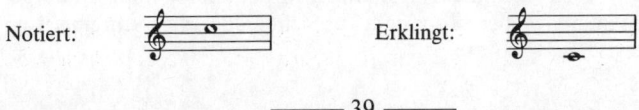

Die transponierenden Instrumente sind – soweit sie nicht um eine Oktave nach unten oder oben transponieren – auf den ersten Blick in der Partitur auszumachen. Sie weichen nämlich mit ihren Vorzeichen von den anderen Instrumenten, also z. B. von den Streichern, ab. Spielen die Streicher in C-Dur, so ist die B-Klarinette in D-Dur notiert, das Englisch Horn in G-Dur; zu Beginn der Notenzeile stehen also zwei Kreuze bzw. eines, während die Violinen kein Vorzeichen haben. Bei den Hörnern und Trompeten ist die Sache etwas anders, sie werden – ob sie überhaupt transponieren oder nicht, und gleich um welches Intervall sie transponieren – stets ohne Vorzeichen am Anfang der Zeile notiert, die notwendigen Vorzeichen stehen nur unmittelbar vor der betroffenen Note. Auf den ersten Blick scheinen also Hörner und Trompeten stets in C-Dur oder a-Moll notiert zu sein. Auch die Pauke wird immer ohne Vorzeichen geschrieben; bei ihr wird nur zu Beginn des Stücks angegeben, wie sie zu stimmen ist.

Daß Hörner und Trompeten stets ohne Vorzeichen notiert werden, hat seinen Grund in der Geschichte der Instrumente. Im 18. Jahrhundert und bei den Hörnern noch überwiegend im 19. Jahrhundert wurden die sogenannten Naturinstrumente verwendet, die nicht alle Töne einer Tonleiter spielen konnten, sondern nur »Naturtöne« entsprechend der Obertonreihe. Um Hörner und Trompeten überhaupt einsetzen zu können, mußten Instrumente in jeder gebräuchlichen Tonart zur Verfügung stehen, für ein Stück in F-Dur z. B. Hörner in F und Trompeten in F. Die notierten Stimmen bleiben in diesem Fall ohne Vorzeichen. Als im Laufe des 19. Jahrhunderts die Naturinstrumente gegen Ventilinstrumente ausgetauscht wurden, auf denen alle Ganz- und Halbtöne möglich sind, blieb aber trotzdem die alte Art der Notierung erhalten. Noch heute werden die Partituren so gedruckt und auch die Stimmen für die Instrumentalisten so geschrieben, als ob nie ein Ventilhorn oder eine Ventiltrompete erfunden worden wäre. Das heute übliche Horn ist das Horn in F oder das Doppelhorn in F und B, das die Hornisten auch dann benutzen, wenn in der Partitur ein Horn in E oder D usw. verlangt wird. Für die Hornisten ist es eine recht komplizierte Angelegenheit, die ständig notwendigen und häufig wechselnden Transpositionen auszuführen. Sie sind diese historisch gewachsene Praxis aber so sehr gewohnt, daß die meisten Orchestermusiker eine Vereinheitlichung der Hornstimmen für Instrumente in F ablehnen. Bei den Trompeten wird entweder ein Instrument in B oder in C verwendet, gleich welche Stimmung in der Partitur verlangt wird. Die Notation der Hörner und Trompeten ist ein gutes Beispiel für die Beständigkeit überkommener Praktiken in der Musik, die gerade bei Partituren immer wieder zu aus heutiger Sicht unlogischen Schreibweisen führen.

Hier sind nochmals die wichtigsten Instrumente zusammengestellt mit Angaben darüber, ob und um welches Intervall sie transponieren.

Instrument	transponiert/ transponiert nicht	transponiert und klingt ... als notiert
Piccoloflöte		eine Oktave höher
Flöte	nicht	
Oboe	nicht	
Englisch Horn		eine Quinte tiefer
Klarinette in B		einen Ganzton tiefer
Fagott	nicht	
Kontrafagott		eine Oktave tiefer
Horn in F		eine Quinte tiefer
Trompete in B		einen Ganzton tiefer
Posaune	nicht	
Tuba	nicht	
Violine	nicht	
Viola	nicht	
Violoncello	nicht	
Kontrabaß		eine Oktave tiefer

Das Verfolgen einer Partitur macht es nicht erforderlich, die Notation der transponierenden Instrumente genau in die tatsächlichen Tonhöhen umsetzen zu können. Auch ohne genaue Kenntnis der Transposition der jeweiligen Instrumente kann man die betreffenden Stimmen beim Hören verfolgen; und wer nicht ein »absolutes« Gehör hat, das recht selten vorkommt, den wird es nicht stören, daß bestimmte Instrumente nicht genau in der Tonlage erklingen, in der sie notiert sind. Wichtig für das Mitlesen einer Partitur ist vor allem, daß man erkennt, wie die einzelnen Stimmen von Ton zu Ton fortschreiten. Nur wer am Klavier aus der Partitur spielen will, muß das genaue Lesen transponierender Instrumenten-Stimmen beherrschen. An den abweichenden Vorzeichen sind aber die transponierenden Instrumente rasch zu erkennen, insofern helfen die Grundkenntnisse über diese Instrumente auch dem Partitur-Leser.

Die Notation transponierender Musikinstrumente in der Partitur ist im Grunde ein Stück Überlieferung, das heute nicht mehr zwingend für die Dirigier- und Studienpartitur wäre. Vielmehr würde es genügen, die jeweilige Stimme, aus der die Musiker spielen, entsprechend transponierend zu notieren. In der sogenannten Reform-Partitur, die in unserem Jahrhundert eine gewisse Bedeutung erlangt hat, gibt es keine Stimmen mehr, die andere als die erklingenden Tonhöhen angeben, dasselbe trifft für die schon genannte Einheitspartitur zu. So geeignet die Reform-

Partitur für den partiturlesenden Laien sicher ist, für den erfahrenen Dirigenten und Korrepetitor gibt es wenig Probleme mit den Stimmen der transponierenden Instrumente; auch erleichtert die Tatsache, daß Dirigent und die Instrumentalisten identische Stimmen vor sich haben, die Verständigung.

In unserem Jahrhundert wurde in der sogenannten Zwölftonmusik in der Nachfolge Arnold Schönbergs vielfach auf die Prinzipien der Reform-Partitur zurückgegriffen.

Titel und Werknummer

Die Partitur trägt auf der Titelseite sowie nochmals direkt über der ersten Partiturzeile im allgemeinen die folgenden Angaben oder wenigstens die wichtigsten davon:

die Gattungsbezeichnung,

die Nummer des Werks innerhalb dieser Gattung,

Angaben zur Besetzung,

Tonart und Tongeschlecht,

Opuszahl oder Werkverzeichnisnummer,

den Namen des Komponisten, oft mit Lebensdaten,

weitere Angaben wie das Kompositionsjahr, das Jahr der Erstaufführung, Herausgeber, Bearbeiter usw.

An die Stelle der Gattungsbezeichnung kann auch ein ganz bestimmter, individuell formulierter Titel treten, etwa bei einer Oper, einer Ballettmusik oder ähnlichem; das macht dann oft Angaben über die Nummer innerhalb der Gattung, über Besetzung und Tonart und -geschlecht überflüssig. Die Opus- oder Werkzahl kennzeichnet das Werk nochmals genauer. Im allgemeinen haben die Komponisten seit dem 18. Jahrhundert, teilweise auch schon im 17. Jahrhundert, ihre Werke in der Reihenfolge ihres Entstehens mit einer Opuszahl numeriert. Leider ist vielfach auf diese Numerierung kein Verlaß; nicht nur die Komponisten selber, sondern auch ihre Verleger haben die Opuszahlen gelegentlich ziemlich willkürlich vergeben, so daß oft kein Rückschluß auf die Entstehungszeit möglich ist; manche Werke tragen in verschiedenen Ausgaben sogar gleich zwei unterschiedliche Opuszahlen. Schuberts opus 1 ist z. B. sein berühmtes Lied *Der Erlkönig*, komponiert 1815, davor hat er jedoch schon viele, auch heute sehr bekannte Werke komponiert, die jedoch noch keine Opus-Nummern tragen.

Die Unzulänglichkeit der Opus-Zählung und die Tatsache, daß teil-weise überhaupt keine oder lückenhafte Opuszahlen vorliegen, haben dazu geführt, daß Werkkataloge mit neuen Werknummern angelegt wurden. So kann an die Stelle der Opuszahl eine Werkverzeichnisnum-mer treten; sie trägt oft den Namen des Verfassers des Werkverzeichnis-ses bzw. eine geeignete Abkürzung.

opus, op.	Werk
opus posthumum, op. posth.	nachgelassenes Werk, das vom Komponisten nicht mehr mit einer Opuszahl versehen worden ist.
BWV	Bachwerkverzeichnis
Deutsch-Verzeichnis, Deutsch-V., DV., D.	Werkverzeichnis für die Kompositionen Franz Schuberts
Hoboken, Hob.	Werkverzeichnis für die Kompositionen Joseph Haydns
Köchel-Verzeichnis, Köchel, K. V., KV	Werkverzeichnis für die Kompositionen Wolfgang Amadeus Mozarts

Partitino

Ein Partitino, italienische Bezeichnung für »kleine Partitur«, ist eine Partitur mit wenigen Stimmen, die nicht in die eigentliche Partitur aufgenommen worden sind, sondern im Anschluß daran oder auch auf beigelegten Blättern notiert sind. Es handelt sich dabei meist um Blech-bläser- und Schlagzeugstimmen, die aus nicht immer ersichtlichen Grün-den von der Hauptpartitur getrennt sind. Für diese Praxis gibt es aufführ-ungs- und notationstechnische Gründe, gelegentlich sind diese Stimmen auch später hinzukomponiert oder können »ad libitum« – nach Belieben – hinzugefügt werden. Bei den heute verwendeten Partituren sind diese Stimmen aber in die Partitur einbezogen.

Solche Partitinos gibt es noch in den frühen Partiturausgaben von Sinfonien Haydns und Mozarts für die Trompeten- und Paukenstimmen, von Beethovens 9. Sinfonie für die Schlagzeugstimmen. Bei Verdis Opern sind alle Bühnenmusiken in der Partitur nur als Klavierauszug, vollständig aber als Partitino abgedruckt; die Bühnenmusik, die »banda«, wurde von einem Subdirigenten geleitet, der somit nur das Partitino benötigte.

4. Die Entwicklung der Partitur

Erst in unserer Zeit ist der Partitur die Funktion als Studienpartitur auch für einen Kreis von Interessierten, der weit über die Berufsmusiker hinausgreift, zugewachsen. Auch die wissenschaftliche Beschäftigung mit Musik und die Verwendung von Partituren zum analysierenden Studium hat in größerem Umfang erst im 19. Jahrhundert eingesetzt. Die zwei wichtigsten Aufgaben aber, die eine Partitur zu erfüllen hat, betreffen einerseits die Komposition eines Werks, andererseits dessen Aufführung.

In diesem Kapitel soll zunächst die Entstehung der Partitur als Niederschrift des Komponisten verfolgt werden, weiterhin ihre Entwicklung bis ins 20. Jahrhundert. Dabei wird es um die stetige Vergrößerung des Orchesters gehen, um die zunehmende Vielfalt der Instrumente und ihre sich wandelnden Aufgaben im Orchester und deren schriftliche Fixierung in der Partitur; das Wort Partitur steht nämlich nicht nur für die Gesamtheit der Stimmen, sondern es ist zugleich Synonym für das Werk, die Komposition schlechthin.

Die zweite wichtige Aufgabe der Partitur, dem Dirigenten die Führung des Orchesters bei der Aufführung und ihrer Vorbereitung zu ermöglichen, wird in Kapitel 7 betrachtet werden, zusammen mit Erläuterungen zum Orchester und seiner Sitzordnung. Erst im 19. Jahrhundert, als es – vor allem wegen der zunehmenden Schwierigkeit der Werke und der größer werdenden Orchesterbesetzung – notwendig wurde, daß ein Dirigent Proben und Aufführungen leitete, entwickelte sich dieser Verwendungszweck der Partitur.

Die ersten Partituren

Die Komposition mehrstimmiger Musik ist ohne Partitur, ohne die genaue Zuordnung der einzelnen Stimmen zueinander bei der Komposition nur schwer denkbar. Oder sollte ein Komponist fähig sein, vier getrennte Stimmen in ihrem Verlauf so zu überblicken, daß er sich die wechselnden Zusammenklänge vorstellen könnte? Diese Fähigkeit ist zwar von herausragenden Komponisten wie z. B. Johann Sebastian Bach überliefert, ist aber wohl kaum die Regel. Es kann also als sicher gelten, daß die Niederschrift schon der ersten mehrstimmigen Komposition im weiteren Sinne eine Partitur war. Tatsächlich sind die frühesten Zeugnisse mehrstimmiger Musik – sie stammen aus dem 9. Jahrhundert – bereits so notiert, daß Gleichzeitiges übereinander steht. Es gibt einige mittelalterliche Handschriften mit einer partiturähnlichen Anordnung

12. a) Die Gemeinde studiert mit dem Kantor aus einem Chorbuch
ein Kirchenlied ein.
b) Vier Scholaren singen aus Stimmbüchern.

der Stimmen, die teils leicht zu deuten sind, teils aber erhebliche Probleme aufwerfen.

Verlassen wir das Mittelalter und wenden uns dem nun immer breiter fließenden Strom mehrstimmiger Musik des 15. und 16. Jahrhunderts zu, so sollte man annehmen, daß wir Partituren in großer Zahl in den alten Bibliotheken finden. Die Gesetze der Stimmführung waren so streng, die musikalischen Strukturen so durchdacht und kompliziert, daß eine Komposition nur in der Niederschrift als Partitur vorstellbar ist. Partituren suchen wir in dieser Zeit jedoch so gut wie vergeblich. Die Musik ist überliefert in Chorbüchern oder in Stimmbüchern. Beim Chorbuch sind auf einer Doppelseite die meist vier Stimmen einzeln untereinander geschrieben: z. B. links oben die vollständige Stimme des Diskants oder

I II III IIII V VI VII VIII

Hæc est simplex concordantiarum
compositio secundum prædictas regu-
las, posset enim multo subtilius & velo-
tius construi, hoc modo.

Sequitur Resolutio.

13. a) Tabula compositoria

Soprans, darunter die Stimme des Tenors, rechts oben die Stimme des Alts, darunter der Baß. Beim Stimmbuch ist jede Stimme in ein selbständiges Buch notiert. Dieses Stimmbuchsystem – jedem Musiker seine eigenen Noten – gilt ja heute noch. Aus dem Chorbuch wurde gemeinsam gesungen oder gespielt, großes Format war Bedingung hierfür (Abb. 12a, S. 45). Die oft kunstvoll verzierten Handschriften – der Notendruck konnte die Handschrift hier nicht ersetzen – waren bis ins 17. Jahrhundert in Gebrauch, in einzelnen Fällen wurden noch im 19. Jahrhundert Chorbücher angelegt. Die Stimmbücher konnten vor allem durch den Notendruck im 16. Jahrhundert weite Verbreitung finden. Während die Chorbücher mehr aus dem kirchlichen und schulischen Bereich stammen, verwendete man für gesellschaftliches und privates Musizieren mehr die Stimmbücher. Viele Bilder der Zeit zeigen Sänger und Spieler um einen Tisch sitzend aus Stimmbüchern musizieren (Abb. 12b, S. 45).

Wo aber sind die Partituren der Zeit? Die Komponisten haben damals auf Tafeln aus Holz oder Schiefer geschrieben, auf denen Notenlinien und senkrechte Ordnungsstriche – unseren Taktstrichen ähnlich – eingraviert waren. Eine fertige Komposition auf dieser Tafel wurde dann in ein Chorbuch oder in Stimmbücher abgeschrieben, dann konnte die Tafel

13. b) Handschriftliche Partiturskizze

wieder gelöscht werden. Man nannte sie »Tabula compositoria« oder auch »Lösch-Tabell«. Nur in einigen Lehrbüchern wird über die Verwendung der Tafeln berichtet; Partituren aus dieser Zeit sind nicht erhalten. Der Komponist arbeitete auf der Tabula compositoria mit einem zehnlinigen Notensystem (Abb. 13a), in das die Stimmen eingetragen wurden. Partiturskizzen auf Papier (Abb. 13b) waren ungebräuchlich und nur wenige sind bis in unsere Zeit erhalten geblieben.

Die ersten Partituren für die Aufführung haben sich Organisten aus den Stimmen von Vokalwerken angefertigt, um die Kompositionen auf ihrem Instrument spielen zu können; man nennt solche Partituren für ein Tasteninstrument Klavierpartituren oder Tabulaturen; Klavier bedeutet hier allgemein Tasteninstrument. Während ein Klavierauszug die Stimmen spielgerecht in zwei Notenzeilen zusammenfaßt, ist die Klavierpartitur, meist als Orgeltabulatur bezeichnet, eine echte Partitur. Die ersten Drucke kommen aus Italien; die frühesten stammen aus dem Jahre 1577. Abb. 14 (S. 48) zeigt eine Klavierpartitur aus dem Jahre 1603. Die vier Stimmen sind untereinander angeordnet, Taktstriche oder besser gesagt Ordnungsstriche koordinieren den Zeitablauf. Die Regel, daß Gleichzeitiges exakt übereinander zu stehen habe, gilt hier aber noch nicht. Schon

14. Klavierpartitur (Ascanio Mayone: *Primo libro de diversi caprici per sonare*, Neapel 1603)

in den Titeln der ersten Drucke tauchen die Wurzeln des Worts »Partitur« auf: »Musica [. . .] partite in caselle« oder »Tutti i Madrigali [. . .] spartiti et accommodati per sonar d'ogni sorte d'Instrumento perfetto«. Das »partire« oder »spartire« bezeichnet das Einteilen der Notenzeilen durch die senkrechten Ordnungsstriche. In Deutschland wird die Klavier- oder Orgeltabulatur 1624 von Samuel Scheidt als »Tabulatura nova« eingeführt. Noch Johann Sebastian Bach hat sich der Klavierpartitur bedient.

Eine andere Entwicklungslinie, die zur modernen Partitur führt, geht von der Musik für eine Solostimme mit instrumentaler Begleitung aus; so gibt es im 16. Jahrhundert häufig Partituren von einer Singstimme mit Lautenbegleitung, auch hier werden schon Ordnungsstriche verwendet. Eng verwandt damit ist die frühe Opernpartitur, die sozusagen offiziell das Zeitalter der Partitur eröffnet. Die Opernpartitur vereinigt alle für eine Aufführung notwendigen Aufzeichnungen. Von Anfang an, d. h. ab etwa 1600, wird die Musik der Oper in Partitur niedergeschrieben, und zwar nicht nur bei der Komposition, sondern ebenso für die Aufführung.

15. Opernpartitur (Giulio Caccini: *Euridice*,
1. Chor *al canto, al ballo*, Florenz 1600)

Abb. 15 zeigt einen fünfstimmigen Chor aus der Oper *Euridice* von Giulio Caccini aus dem Jahr 1600. Die Instrumentalstimmen läßt Caccini bei den Chören weg, sie ergeben sich aus den Vokalstimmen; nur die instrumentale Baßstimme ist notiert, solange der vokale Baß schweigt, so z. B. in den ersten drei Takten. Bei solistischen Partien sind die Instrumentalstimmen notiert, aber noch ohne Angabe, um welches Instrument es sich handelt; um 1600 war die Art der Instrumentalbesetzung noch weitgehend den Ausführenden überlassen.

Man kann also die Opernpartitur als die erste Partitur im heutigen Sinne bezeichnen. Sie ist nicht nur Ergebnis der Komposition, sondern dient ebenso der Aufführung. Durch den ständigen Wechsel der Tempi in der Oper, durch affektbedingte Temposchwankungen, durch wechselnde Instrumentierung war es im Gegensatz zur älteren Musik, aber auch im Gegensatz etwa zur Kirchenmusik, notwendig, für die Leitung der Aufführung eine vollständige Partitur zur Verfügung zu haben. In der Instrumentalmusik und in der Kirchenmusik hat sich die Partitur erst viel später durchgesetzt. Noch die ersten sechs Sinfonien Beethovens wurden zunächst in Einzelstimmen und erst später als Partituren gedruckt; die 6. Sinfonie ist z. B. in Stimmen 1809, als Partitur erst 1826 erschienen. Partituren für den Dirigenten auch außerhalb der Oper wurden erst mit der Entstehung des Berufsdirigententums zu Beginn des 19. Jahrhunderts üblich. Man nannte sie Direktionspartituren.

Im 19. und 20. Jahrhundert wurden allmählich, insbesondere durch die Bemühungen der im 19. Jahrhundert entstandenen historischen Musikwissenschaft, auch Werke in Partiturform veröffentlicht, die ursprünglich nur als eine Sammlung von Einzelstimmen erschienen waren. So steht heute im wesentlichen der Gesamtbestand an mehrstimmiger Musik – soweit überhaupt in neuerer Zeit veröffentlicht – in Partituren zur Verfügung.

Die folgenden Abschnitte gelten der Entwicklung der Orchesterbesetzung ohne Bezug darauf, wie die einzelnen Werke zu ihrer Zeit veröffentlicht wurden, beginnend mit der Renaissance und endend mit den großen Partituren des 20. Jahrhunderts. Avantgardistische Musik bleibt unberücksichtigt, weil es im allgemeinen schwer ist, solche Partituren zum Studium zu beschaffen.

Die Besetzung einer Orchesterkomposition hängt von einer Reihe von Einflüssen ab: Die Entstehungszeit spielt dabei sicher die größte Rolle: jede Zeit hat ihre stilistischen und klanglichen Ausdrucksformen, die das Instrumentarium bestimmen. Zudem haben insbesondere die Blasinstrumente zum Teil umwälzende technologische Entwicklungen durchlaufen, was auf ihre Verwendung eingewirkt hat. Sind einmal bestimmte Orchesterbesetzungen eingeführt – z. B. bei Berufsorchestern, so beeinflußt dies wieder die Überlegungen der Komponisten: kommt eine Komposition doch eher zur Aufführung, wenn sie sich an bestehende Orchesterbesetzungen hält. So haben wir noch heute eine Standardbesetzung des Orchesters wie sie vor 100 bis 150 Jahren üblich war.

Die Partituren der Renaissance und Barockzeit

Für die Renaissance, also für die Zeit zwischen ca. 1500 und 1600, ist der Begriff Orchester noch nicht sinnvoll anwendbar. Es gibt in dieser Zeit keine allgemein verbreiteten festen Instrumentalgruppierungen. Vielmehr wird das außerordentlich vielfältige Instrumentarium in stets wechselnden Kombinationen verwendet. Die Musizierpraxis mit vokal-instrumental gemischten Besetzungen richtet sich nach den jeweils verfügbaren Instrumenten. Blasinstrumente nehmen dabei den wichtigsten Platz ein. Besetzungsvorschriften machen die Komponisten nicht. Wohl gibt es Instrumente, die bevorzugt werden zum Musizieren im Freien, in häuslicher Gesellschaft, am Hofe oder in der Kirche; die Lautstärke der Instrumente z. B. spielt hierbei eine Rolle. Andere Instrumente symbolisieren bestimmte soziale Schichten, denen sie ursprünglich fest zugeordnet waren: Trompeten und Pauken z. B. waren Instrumente im höfischen Umkreis von König und Adel, Flöten und Trommeln diejenigen der Landsknechte, des Fußvolks im Heer. Erst gegen 1600 erweitern die Komponisten ihr musikalisches Denken auf die Dimension der Klangfarbe. Jetzt gibt es erste präzise Besetzungsvorschriften, und zwar zuerst in der Kirchenmusik in Venedig, aber schon bald auch in der Oper.

Um 1600 beginnt für die Musik eine neue Zeit; dies geschieht sicher nicht plötzlich, aber neben einem befristeten Fortbestehen der alten Musik entwickelt sich nun rasch eine neue Stilrichtung, die man später als Barockmusik bezeichnete. Im Gegensatz zur Hochblüte der Chorpolyphonie im 16. Jahrhundert ist für die Struktur der Barockmusik die Verbindung einer Solostimme mit einem Harmoniegerüst über einer Baßstimme kennzeichnend (Abb. 16, S. 52). Die Akkorde des Harmoniegerüsts werden durch eine Zahlenkurzschrift unter der Baßstimme notiert. Ein Tasteninstrument – Cembalo oder Orgel – oder ein Zupfinstrument, auf dem sich Akkorde spielen lassen – Laute oder Harfe –, übernimmt die Akkorde. Die Baßstimme wird einem tiefen Streichinstrument – Violoncello, Gambe, Kontrabaß – oder einem Fagott übertragen: je nach Größe der Besetzung können auch mehrere Baßinstrumente gleichzeitig spielen. Baßinstrument und Akkordinstrument gehören als Fundament der Barockmusik stets zusammen, sie bilden zusammen den »Generalbaß«; er begleitet die Musik ununterbrochen, auf Italienisch heißt er deshalb »Basso continuo« oder einfach »Continuo«. In der Ausführung der Akkorde besteht relativ große Freiheit. Die Musiker waren im Generalbaßspiel so geübt, daß oft auf die Zahlenkurzschrift für die Akkorde verzichtet wurde; die richtige Ausführung ergibt sich dann aus dem musikalischen Zusammenhang. Die Bezeichnung Generalbaß bzw. Basso continuo wird oft abgekürzt: G.B., Cont, B.c., b.c.

16. Generalbaß (Johann Sebastian Bach: Weihnachtsoratorium)

Die Besetzung des Barockorchesters ist noch nicht so standardisiert wie z. B. diejenige des Orchesters der Klassik. Die wichtigste Instrumentengruppe sind die Streicher. Neu gegenüber der Praxis der Renaissance ist die chorische Besetzung: jede Stimme wird mehrfach besetzt, je nach den örtlichen Möglichkeiten. Das Streichorchester in der italienischen und deutschen Musik besteht aus Violine I und II, Viola und Violoncello, letzteres verstärkt durch den Kontrabaß. Das barocke Streichorchester italienischer Prägung hat also schon die Besetzung, die bis heute gültig ist. Die französische Besetzung, fünfstimmig mit zwei Violen, blieb auf die Barockmusik Frankreichs beschränkt. Zu diesem Orchester tritt natürlich stets noch ein akkordfähiges Instrument, im allgemeinen das Cembalo, in der Kirche die Orgel.

Zu den Streichern können einige Holzblasinstrumente hinzukommen, meist zwei Oboen und/oder zwei Flöten sowie als zusätzliches Baßinstrument ein Fagott. Gerade für die französische Musik ist das Bläsertrio aus zwei Oboen und Fagott charakteristisch, noch im Trio der Sinfonien des 19. Jahrhunderts wirkt diese Besetzung weiter. Die Holzbläser werden entweder solistisch eingesetzt, wie etwa vielfach in Bachs Kantaten und Passionen, oder sie verstärken die Violinen, besonders bei Chorsätzen; man nennt diese Stimmverstärkung »Colla parte-Praxis« (Abb. 17).

Dazu können in festlichen oder repräsentativen Werken noch drei Trompeten – meist transponierend in D – hinzukommen. Als Baßinstrument tritt zu den Trompeten stets ein Paar Pauken hinzu, eine Verbindung, die bereits im Mittelalter bestand und weit über die Barockzeit hinaus bestehen wird. Da die Trompeten als sogenannte Naturinstrumente ohne Ventile nur die Töne der jeweiligen Naturtonreihe spielen konnten, haben ihre Stimmen ganz spezifische, in den tieferen Lagen durch Akkordbrechungen geprägte Melodieformeln.

17. Colla parte-Praxis (Johann Sebastian Bach: Messe in h-Moll)

Eine typische Partitur der Spätbarockzeit – hier eine Orchestersuite von Johann Sebastian Bach – mit Holz- und Blechbläsern kann also so aussehen (Abb. 18, S. 54): Die Trompeten und Pauken eröffnen den Satz; die Oboen spielen nahezu »colla parte« mit den Trompeten. Nach diesem Themenkopf verstummen die Trompeten und Pauken, die Oboen führen das Thema weiter. Nach der durch den Doppelstrich angezeigten Wiederholung übernehmen die Streicher die Fortführung. Der Generalbaß von »Bassi« (Violoncello und Kontrabaß) und Fagott spielt immer mit, auch wenn die Geigen pausieren. Die Bezifferung des Generalbasses fehlt hier. Die Trompeten mit den Pauken sind – wie allgemein bei Partituren der Barockzeit üblich – an oberste Stelle gesetzt.

Kennzeichnend für die Barockmusik ist das sogenannte konzertierende Prinzip. Damit ist die Gegenüberstellung eines oder mehrerer Soloinstrumente mit dem chorisch besetzten Orchester gemeint. Eine Komposition für nur ein Soloinstrument, z. B. Violine, Flöte, Oboe oder Cembalo und Orchester heißt Solokonzert oder einfach Konzert. Bei Solostellen wird der Solist vom Orchester, dem »Tutti« oder »Ripieno«, oder auch nur vom Generalbaß begleitet. Bei den Tuttistellen, in denen das Orchester führt, geht die Solostimme »colla parte« mit einer entsprechenden Orchesterstimme, eine Solovioline wird z. B. die erste Violine mitspielen. Heute spielen die Solisten meist nur die Solostellen.

18. Spätbarocke Partitur (Johann Sebastian Bach: Ouvertüre Nr. 4)

Das Concerto grosso – wie das Solokonzert in Italien entwickelt – ersetzt den Solisten durch eine Gruppe von Solisten, durch das »Concertino«. Als Orchester – »Tutti«, »Ripieno« oder »Concerto grosso« – wirkt in der Regel ein Streichorchester. Das Concertino besteht oft aus zwei Violinen

19. Arcangelo Corelli: Concerto grosso Op. 6 Nr. 8, »Weihnachts-Konzert«

und Violoncello (Abb. 19), kann aber auch sehr bunt zusammengesetzt sein wie z. B. bei Bachs Brandenburgischen Konzerten.

Die Partituren der Klassik und Romantik

Auf die Barockzeit folgt ein Zeitraum, in dem sich die Musik zur Klassik hin entwickelt, deren Werke noch heute den Schwerpunkt der Programme öffentlicher Konzerte und des Rundfunks bilden. Diese Übergangszeit, man kann sie von 1750 bis 1780 ansetzen, wird meist als Früh- oder Vorklassik bezeichnet. Sie ist durch die folgenden musikalischen Neuerungen gekennzeichnet: Der Generalbaß kommt in dieser Zeit außer Gebrauch, die Instrumente des Orchesters übernehmen, aber wandeln dabei auch seine Funktion. Die gleichmäßige Motorik der Barockmusik weicht einem »galanten« Stil, der die Empfindsamkeit über die Rationalität der Tonsprache stellt. In Rhythmus, Melodik, Harmonik und Klangfarbe wird die Musik reicher an Nuancen. Die Musikinstrumente erfahren in ihren Ausdrucksmöglichkeiten eine Weiterentwicklung, neue Instrumente wie die Klarinette und das Horn werden fester Bestandteil des Orchesters. Kern des Orchesters bleibt aber weiterhin die

Streichergruppe. Dazu kommen zunächst vielfach zwei Oboen und zwei Hörner, wie etwa in Partiturbeispiel 20, dem Beginn von Haydns Violoncellokonzert in D-Dur:

20. Partitur der Vorklassik (Joseph Haydn: Violoncello Konzert)

Zunächst tragen die Streicher das Thema vor; bei seiner Wiederholung, die im letzten Takt des Beispiels beginnt, verstärken Oboen und Hörner die Violinen und geben dem Orchester eine andere Klangfarbe. Im weiteren Verlauf spielen die Oboen auch selbständige Stimmen. Die Aufgabe der Hörner ist es vor allem, dem Orchesterklang eine gewisse Fülle zu geben, das geschieht vielfach durch lange, gehaltene Töne. Das Solovioloncello spielt in Tuttistellen – wie im abgebildeten Partiturausschnitt – eine geeignete Stimme mit, hier weitgehend die Stimme der Viola. Heute beschränken sich die Solisten – wie bei den barocken Konzerten – auf ihren Solo-Part.

Wichtig für die Aufführung von Musik der Vor- oder Frühklassik ist immer wieder die Frage, ob der Generalbaß gespielt werden soll oder nicht. Grundsätzlich kann für eine Zeit der Stilwandlung eine solche Frage nicht in jedem Fall eindeutig beantwortet werden. Die musikalische Funktion des Generalbasses wurde nach 1750 zwar rasch den Mittelstimmen der Streicher übertragen, dennoch unterbleibt die Bezifferung des Basses nur allmählich. Das hat aufführungspraktische Gründe: Es war damals üblich, daß der Kapellmeister das Orchester vom Cembalo aus leitete, Einsätze mitspielte und vor allem den Sängern half, ihre Stimme zu halten. Außerdem scheint der Notendruck hinsichtlich der Generalbaßpraxis konservativer gewesen zu sein als die Musiker. Am frühesten wurde der Generalbaß in der Instrumentalmusik aufgegeben, danach in der Oper und zuletzt in der Kirchenmusik, wo es noch um 1850 nicht ungewöhnlich war, einen bezifferten Baß für die Orgel hinzuzufügen. Viele Werke von Mozart und Haydn sind mit Generalbaßziffern bezeichnet; noch 1868 schreibt Brahms in seinem Requiem einen Generalbaß, Reger sogar noch – oder wieder? – 1909.

Als Klassik oder »Wiener« Klassik wird in der Musikgeschichte die Zeit zwischen 1780 und 1830 bezeichnet. Die wichtigsten Komponisten dieser Zeit sind Haydn, Mozart und Beethoven. Die in der Vorklassik einsetzenden stilistischen Entwicklungen werden weitergeführt: Der Generalbaß ist in der Aufführungspraxis weitgehend verdrängt; eine gewisse volkstümliche Eingängigkeit, Beweglichkeit und Kontraste im melodischen, rhythmischen und harmonischen Verlauf sowie formale Logik haben zu einem Stil geführt, der in der Geschichte der Musik als einer der Höhepunkte angesehen wird und in der Publikumsgunst auch heute noch an erster Stelle steht. Jetzt sind auch die Blasinstrumente in größerem Umfang mit eigenen musikalischen Aufgaben betraut, während sie in der Vorklassik im allgemeinen mehr begleitend und überleitend verwendet wurden.

Die Holzbläserbesetzung des Orchesters entwickelt sich in dieser Zeit zu einer gewissen Einheitlichkeit, sie umfaßt in der Regel je zwei Flöten, Oboen, Klarinetten und Fagotte; man spricht von der »doppelten Holzbläserbesetzung«. Während Mozart erst eine Sinfonie in dieser Besetzung geschrieben hat – meist fehlen die Klarinetten und Flöten – sehen die letzten Sinfonien Haydns regelmäßig »doppeltes Holz« vor; Beethoven geht schon in einigen Sinfonien über diesen Standard hinaus (Mozart ist 1791, Haydn 1809 und Beethoven 1827 gestorben). Die doppelte Bläserbesetzung bleibt nicht nur für die erste Hälfte des 19. Jahrhunderts normativ, also besonders für Schubert, Schumann und Mendelssohn, sondern auch weitgehend für die zweite Hälfte und damit für Bruckner, Brahms, Dvořák, Tschaikowsky u. a. und auch für viele Orchesterwerke des 20. Jahrhunderts.

An Blechbläsern sind vor 1800 meist zwei Hörner sowie zwei Trompeten mit zwei Pauken besetzt. Nach 1800 sind es vielfach vier Hörner, zwei bis drei Trompeten und drei Posaunen, und natürlich Pauken, die Baßinstrumente zu den Trompeten. Die Bedeutung, die den Blasinstrumenten in der Komposition zukommt, entspricht nun fast derjenigen der Streichinstrumente. Während man in der Vorklassik oft die Blasinstrumente einfach weglassen könnte, ohne daß der Komposition etwas Wesentliches fehlen würde, ist das bei der Wiener Klassik und besonders danach ganz und gar unmöglich. Ein Beispiel für den klassischen Orchestersatz mit der emanzipierten Bläserbesetzung ist der folgende Partiturausschnitt (Abb. 21) aus Beethovens Leonorenouvertüre Nr. 3.

Was geschieht in diesen 26 Takten von Beethovens Ouvertüre, wie ist das Geschehen auf die Orchesterinstrumente verteilt? Formal beginnt das Stück mit einer langsamen Einleitung (*Adagio*), auf die später der schnelle Hauptteil (*Allegro*) folgt. Dem Charakter einer Einleitung entsprechend setzen Streich- und Holzblasinstrumente mit einer Tonleiter ein, die offensichtlich auf die Haupttonart C-Dur in fallenden Tonschritten hinzielt, überraschenderweise aber zum Fis führt, dem von C harmonisch am weitesten entfernten Ton. Wie dieses Fis nun harmonisch zu verstehen ist, klären die beiden Fagotte sowie die Violoncelli und Kontrabässe in Takt 5–7, sie interpretieren es so um, daß die Wende nach C-Dur in Takt 8 möglich wird, die Streicher auch dahin überzuleiten scheinen; sie überraschen indessen mit dem Schritt nach As-Dur, das – im Gegensatz zum Fis-Dur der Fagotte vorher – nun wenigstens eine tonale Verwandtschaft zur Haupttonart C-Dur zeigt. Nun tragen die Holzbläser bis Takt 13 ein Thema vor, begleitet von den Streichern. Die Posaunen vertreten in Takt 9–13 sozusagen die Hörner, weil das von Beethoven entsprechend der Harmonik vorgeschriebene Es auf den damals verwendeten Naturhörnern in C und E nicht spielbar ist. Takt 14–20 bilden wieder eine harmonische Weiterführung, getragen zunächst von den Streichern, dann zusätzlich von der Flöte. Sie führt nach H-Dur, nimmt damit harmonisch den Anschluß an Takt 7 wieder auf; das Bläserthema erweist sich im Nachhinein als Einschiebsel. Nun entwickelt sich von Takt

21. Klassische Partitur (Ludwig van Beethoven: »Leonoren«-Ouvertüre Nr. 3)

20 ab ein neckisches »Nachäffspielchen« zwischen Violine I und Flöte, in das sich ab Takt 24 Violoncello und Kontrabaß einschalten. Unterdessen verstärken die gesamten Bläser den Eindruck der harmonischen Fortschreitung mit einer gewaltigen Steigerung der Lautstärke; die Modulation leitet zurück nach As-Dur, in die Tonart des Bläserthemas von Takt

9–13. Sollte dieses Thema also doch kein Einschiebsel gewesen sein, sondern Vorwegnahme? Im weiteren hier nicht mehr abgedruckten Verlauf führt das Orchester wieder im Wechsel zwischen Streichern und

Bläsern zum schnellen Hauptteil der Ouvertüre. Die Beschreibung der Einleitung zeigt ganz deutlich, daß aus dem durch Bläser verstärkten Streichorchester der Vorklassik ein Klangkörper erwachsen ist, der deutlich differenzierte Klanggruppen gleichberechtigt einsetzt; jede Gruppe kann die musikalische Weiterführung übernehmen. Das Orchester der Klassik mit Streichern, doppelter Holzbläserbesetzung, zwei bis vier Hörnern, zwei Trompeten und drei Posaunen stellt als Klangkörper der neueren abendländischen Musik offensichtlich ein Ideal dar, das bis heute normativ bleiben konnte.

Wenn die Wiener Klassik im allgemeinen mit Beethovens Tod 1827 als beendet betrachtet wird, so entsteht ein falsches Bild der Musikgeschichte. Gerade das 19. Jahrhundert zeigt stetige Entwicklungen, keine sprunghaften Neuerungen. Beethoven hat ebensosehr aus der Vergangenheit geschöpft wie er in die Zukunft hineingewirkt hat. Alle wichtigen Entwicklungen des 19. Jahrhunderts hat er eingeleitet. Dabei bleibt das Orchester in seinem Kern so zusammengesetzt wie zur Zeit von Haydn und Beethoven. In der Streichergruppe werden die einzelnen Stimmen nun gelegentlich aber unterteilt; Violoncello und Kontrabaß hatten sich bereits in der Klassik getrennt. Eine Erweiterung erfährt vor allem das Instrumentarium der Bläser. Schon Beethoven hatte die Piccoloflöte und das Kontrafagott ins Orchester aufgenommen. Zu den Oboen tritt nun immer öfter das Englisch Horn, zu den Klarinetten die Baßklarinette. So ergibt sich als eine der für das 19. Jahrhundert typischen Bläserbesetzungen die dreifache Holzbläserbesetzung, jeweils zwei Hauptinstrumente und ein »Nebeninstrument« – Piccoloflöte, Englisch Horn, Baßklarinette und Kontrafagott. Zu dieser erweiterten Holzbläserbesetzung gehört auch eine vergrößerte Blechbläserbesetzung: vier Hörner, zwei oder drei Trompeten, drei Posaunen, Baßtuba. Neben der dreifachen Holzbläserbesetzung gibt es aber weiterhin besonders in der Sinfonik auch die zweifache Besetzung der Klassik. In den letzten Jahrzehnten des 19. Jahrhunderts wird die Bläserbesetzung nochmals gesteigert; Wagner, Mahler und vor allem Richard Strauss gingen auf die vierfache Holzbläserbesetzung über. Die Streicherbesetzung muß entsprechend verstärkt werden. Auch Schlaginstrumente stehen im 19. Jahrhundert in größerer Zahl und Vielfalt zur Verfügung.

Zwischen zwei-, drei- und vierfacher Holzbläserbesetzung gibt es natürlich die unterschiedlichsten Mischformen. Überhaupt sind es jetzt fast mehr Werke, die die Norm brechen, als Werke, die eine solche Norm erfüllen; jede Angabe über eine Standardbesetzung kann nur noch im Sinne eines statistischen Durchschnitts betrachtet werden.

Der Beginn einer typischen Partitur mit dreifacher Holzbläserbesetzung – das Vorspiel zu *Tristan und Isolde* von Richard Wagner (Abb. 22) – zeigt, daß die technische Entwicklung der Instrumente und die Kunst des Instrumentierens inzwischen so weit fortgeschritten waren, daß z. B. wie hier eine vom Violoncello begonnene Melodie von Holzbläsern weitergeführt wird; Bläser und Streicher sind absolut gleichberechtigt und können zu einem Gesamtklang verschmelzen.

22. Partitur des 19. Jahrhunderts (Richard Wagner: Vorspiel zu *Tristan und Isolde*)

23. Klangkontrast bei der Instrumentierung (Modest Mussorgsky/Maurice Ravel: *Bilder einer Ausstellung*)

Eine andere Behandlung des Orchesters zeigt das Partiturbeispiel 23, ein Ausschnitt aus Ravels Instrumentierung der *Bilder einer Ausstellung* von Modest Mussorgsky. Die Besetzung ist abgesehen von den Schlaginstrumenten mit derjenigen bei Wagner identisch. Während in Wagners Tristanvorspiel die verschiedenen Klangfarben weich ineinander übergehen, setzt Ravel die verschiedenen Klangfarben in raschem Wechsel gegeneinander, dort Klangverschmelzung, hier Klangkontrast.

Es würde hier zu weit führen, die Entwicklung der Partitur im 19. Jahrhundert im einzelnen nachzuzeichnen. Vereinfacht gesagt gehen zwei Strömungen von Beethoven aus: die erste bleibt eng an seinen Formidealen und Instrumentierungsweisen orientiert, greift sogar noch auf barocke Elemente zurück, ohne daß man aber von einem Entwicklungsstillstand sprechen kann; Mendelssohn, Schumann und Brahms können zu dieser konservativen, klassizistischen Richtung gezählt werden. Die zweite Strömung wird von Neuerern, von Avantgardisten ihrer Zeit getragen, auch sie können an Beethoven anknüpfen, z. B. an seine 6. Sinfonie; zu diesen Komponisten gehören Berlioz, Liszt und Wagner. Bruckner kommt eine merkwürdig ambivalente Stellung zu. Die ganze Instrumentierungskunst, wie sie das 19. Jahrhundert entwickelt hat, entfaltet sich in zum Teil riesigen Orchesterbesetzungen bei Richard Strauss und Gustav Mahler. Aber auch die Komponisten, die mit ihrer Musik das 19. Jahrhundert endgültig hinter sich gelassen haben, wie z. B. Strawinsky und Schönberg, greifen zunächst noch auf die Riesenbesetzungen zurück. Zwei solche Partituren zeigt Beispiel 24 (S. 66): Gustav Mahlers 2. Sinfonie (1894) mit vierfacher Holzbläserbesetzung, und Igor Strawinskys *Frühlingsopfer* (1913, hier in der Neufassung von 1947) mit fünffacher Holzbläserbesetzung. Schönberg geht in seinen *Gurre-Liedern* auf eine noch größere Holzbläserbesetzung über. Natürlich wächst die Blechbläserbesetzung entsprechend mit: bei Strawinsky z. B. werden acht Hörner, fünf Trompeten, drei Posaunen und zwei Baßtuben verlangt.

Die Vergrößerung und klangliche Differenzierung des Orchesters zeigt sich deutlich an der schematischen Übersicht über die Bläserbesetzung:

Zeit	Fl.	Ob.	Kl.	Fg.	Picc.	E. H.	B. Kl.	Kfg.	Hr.	Tr.	Pos.	Tb.
1750–1770		2							2			
1770–1790	1	2		2					2			
ab 1790	2	2	2	2					2	2	3	
ab 1840	2	2	2	2	1	1	1		4	3	3	1
ab 1870	3	3	3	3	1	1	1	1	4	3	3	1

24. Riesenbesetzungen um 1900
a) Gustav Mahler: 2. Sinfonie, b) Igor Strawinsky: *Frühlingsopfer*)

Etwas detaillierter zeigt die folgende Tabelle an einigen wichtigen Werken nochmals die Entwicklung der Besetzung. Zu den Bläsern kommt natürlich noch die Streichergruppe, die ihre Zusammensetzung ja nicht geändert hat.

Komponist und Werk	Holzbläser								Blechbläser				Schlagzeug	
	Fl.	Ob.	Kl.	Fg.	Picc.	E. H.	B. Kl.	K. Fg.	Hr.	Tr.	Pos.	Tb.	Pk.	weit. Schlzg.
Haydn Sinfonien														
um 1770		2							2					
um 1785	1	2		2					2					
um 1795	2	2	2	2					2	2			×	
Mozart Sinfonien														
um 1770		2							2					
um 1788	1	2		2					2	2			×	
Beethoven Sinfonien														
1800–1812	2	2	2	2					2	2			×	
5. Sinf. (1808)	2	2	2	2	1			1	2	2	3		×	
9. Sinf. (1824)	2	2	2	2	1			1	4	3	3		×	×
Schubert Sinfonien														
um 1825	2	2	2	2					2	2	3		×	×
Mendelssohn Sinfonie														
Nr. 4 (1842)	2	2	2	2					4	2			×	
Schumann Sinfonie														
Nr. 4 (1841)	2	2	2	2					4	2	3		×	
Brahms Sinfonien														
um 1880	2	2	2	2				1	4	2	3		×	
Bruckner Sinfonien														
1863–1883	2	2	2	2					4	3	3	1	×	
Sinf. Nr. 8, 9 um 1890	3	3	3	3					8	3	3	1	×	
Liszt Sinfonische Dichtungen														
(1850–1860)	2	2	2	2	1				4	3	3	1	×	×
Mahler Sinf. Nr. 9														
(1909)	4	3	3	4	1	1	1	1	4	3	3	1	×	×
Schönberg *Gurrelieder*														
(1910)	4	3	5	3	4	2	2	2	10	7	7	1	×	×

Nachdem der instrumentale Aufwand im Orchester um 1900 ein kaum noch zu überbietendes Ausmaß erreicht hat, wurden die Ensembles im 20. Jahrhundert rasch wieder kleiner, aber vielfältiger als etwa die kleineren Instrumentalgruppen im 18. Jahrhundert. Die normierende Kraft der Besetzung in Klassik und Romantik mit zwei- bzw. dreifachen Holzbläsern bestimmt bis heute die Zusammensetzung unserer Sinfonie- und Opernorchester; die Aufführung von Werken mit stark abweichender Instrumentierung erfordert wegen der Notwendigkeit von »Aushilfen« jeweils einen erheblichen zusätzlichen Kostenaufwand.

5. Eine Partitur lesen und hören

Das Problem

Wenn man Musik hören und dabei die Noten verfolgen möchte, muß das Lesen und das Hören miteinander synchronisiert, müssen zwei völlig verschiedene Sinneseindrücke miteinander verglichen werden. Dazu wird entweder die Musik in Notenschrift oder die Notenschrift in Musik umgedacht. Möglich ist auch, daß dieses Umdenken dauernd zwischen den beiden Verfahrensweisen pendelt.

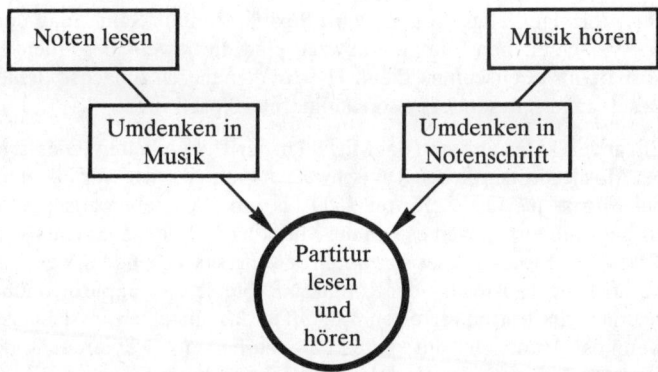

In der Praxis gibt es mehrere Möglichkeiten, dieses Problem anzugehen. Geübte Musiker lesen Partituren »wie die Zeitung«, ohne mehr lange über Notennamen oder Intervallsprünge nachzudenken: wie sich beim Lesen von Texten aus dem Schriftbild Bedeutung und Sinnzusammenhang der Worte ergeben, stellt sich für sie beim Lesen der Noten eine mehr oder weniger genaue Klangvorstellung ein – eine Fähigkeit, die man nur durch lange Übung und am besten in Verbindung mit aktivem Musizieren erwerben kann. Eines sei jedoch zum Trost all derer gesagt, die beim Notenlesen noch nicht die wünschenswerte Praxis haben: Zum Partiturverfolgen ist es nicht unbedingt notwendig, alle Noten, alle Intervalle beim Namen nennen und alle Instrumente sofort an ihrem Klang erkennen zu können. Es ist nicht erforderlich, daß man alle Stimmen einer Partitur gleichzeitig lesen kann; auch ein versierter Dirigent ist dazu nicht in der Lage; er kann einige Zeilen zugleich aufnehmen, hat aber vor allem den Blick für das Wesentliche, der hier wichtiger ist als das Verfolgen jeder einzelnen Begleitstimme.

Verfahren des Partiturverfolgens

1. Das erste Verfahren, mit dem der Lernende sich beschäftigen sollte, ist das Verfolgen einer einzelnen Stimme aus dem Stimmgeflecht der Partitur. Diese Einzelstimme sollte leicht herauszuhören sein. Besonders geeignet sind – wegen der zusätzlichen Hilfe durch die Möglichkeit, sich am Text zu orientieren – Gesangsstimmen. Weiter eignen sich für dieses Verfahren Konzerte für ein Soloinstrument und Orchester besonders, schließlich kommt es auch in Betracht, in einem Orchesterwerk die Stimme der ersten Violine oder bei Barockmusik auch die Baßstimme durchgehend mitzulesen.

2. Das Verfolgen einer Stimme wird flexibler in dem Sinne, daß unter den verschiedenen Stimmen abwechselnd die jeweils besonders gut hörbare als »Leitschnur« dient. Hierfür eignen sich zunächst kleinere Besetzungen, besonders also Kammermusikpartituren.

3. Ein anderes Verfahren ist das Mitzählen der Takteinheiten. Dies ist nur bei Musik mit deutlichen Taktschwerpunkten möglich, vor allem also bei Musik aus der Zeit von 1600 bis um 1900, aber auch bis ins 20. Jahrhundert, soweit es sich um Musik handelt, die dem klassischen Taktschema folgt. Dieses Verfahren bewährt sich besonders, wenn man bei noch nicht ausreichender Routine im Notenlesen komplexe, unübersichtliche Partituren verfolgen will. Oft ist das Mitzählen am sichersten, wenn es darum geht, auf keinen Fall den Faden zu verlieren. Zudem macht es freier für das Verfolgen schlecht hörbarer Stimmen.

4. Eine weitere Möglichkeit besteht darin, nur von Zeit zu Zeit an für Ohr und Auge markanten Stellen Hören und Lesen zu synchronisieren. Dies Verfahren soll denn auch »Synchronisieren« genannt werden.

5. Ziel jeden Partiturlesens sollte es sein, sich vom eingeengten Hören und Lesen einer Einzelstimme zu lösen, auf mechanisches Mitzählen zu verzichten, um die musikalische Struktur der Partitur zu erkennen, um beim Lesen zu entdecken, welche oft unhörbaren Details in einem musikalischen Werk verborgen sind und so das musikalische Erleben zu intensivieren. Dieses Ziel wollen wir das »musikalische Partiturlesen« nennen.

Die genannten fünf Verfahren sind in der Reihenfolge aufgeführt, wie sie auch beim Erlernen des Partiturlesens geübt werden sollten. Im folgenden werden diese einzelnen Verfahren näher besprochen. Hieran schließen sich auf S. 96 ff. Ausschnitte von Partituren an, die als erste Übungsbeispiele gedacht sind, wohlgemerkt als erste Übungsbeispiele in jeweils neuen Schwierigkeitsgraden. Sie wurden unter dem Gesichtspunkt der Bekanntheit der Werke ausgewählt, so daß der interessierte Leser zumindest den überwiegenden Teil auf Platte oder Tonband besitzen wird, im übrigen aber Aufnahmen leicht und auch preiswert beschaffen kann. Alle Werke liegen in vollständigen Studienausgaben in den Taschenpartituren der Reihe Goldmann/Schott (mit ausführlicher historischer und analytischer Werkeinführung) oder in der Edition Eulenburg vor.

Verfolgen einer Einzelstimme

Beim ersten Versuch, eine Partitur zu verfolgen, stellt sich dem Leser meist eine gewisse Verwirrung in den Weg, verursacht durch die große Zahl von Stimmen. Was ist zu hören? Was soll man lesen? Darum empfiehlt es sich, zunächst Werke zu wählen, die anhand einer einzelnen Stimme gut verfolgt werden können, einer Stimme, die leicht aus dem Stimmgeflecht herauszuhören ist.

Besonders leicht orientieren kann man sich anhand einer einzelnen Gesangsstimme, einmal, weil der Text eine zusätzliche Hilfe bietet, zum anderen, weil sie klanglich meist deutlich vortritt. Gesangsstimmen, ob solistisch oder als Chor, sind in Partituren von Barockmusik stets über dem Generalbaß eingeordnet, d. h. über der Stimme von Violoncello und Kontrabaß, später sind sie oft auch über der Violine I notiert.

Beim nächsten Schritt entfällt die Hilfe des Textes; die Einzelstimme ist eine Instrumentalstimme, die sich ebenfalls deutlich herausheben soll. Das erste Übungsbeispiel (S. 97 ff.) verbindet eine solche instrumentale Solostimme mit einer solistischen Gesangsstimme (Abb. 25):

25. Stimme mit Text und Solostimme (Johann Sebastian Bach:
Arie *Erbarme dich* aus der *Matthäuspassion*)

Zunächst beginnt die Solovioline; sie schwingt sich über die liegenden Töne der Violinen und Bratschen des Streichorchesters empor. Das gleichmäßig wie der Herzschlag begleitende Pizzicato der Baßinstrumente macht die große Ruhe dieser Musik nur eindringlicher. Nach einigen Takten setzt die solistische Altstimme (A.) ein (siehe S. 99). Beide Stimmen, Violine und Altstimme, verspinnen sich ineinander. Man könnte eine der beiden Stimmen verfolgen, vielleicht gelingt es, das Ineinander beider Stimmen gleichzeitig zu lesen.

Es ist durchaus denkbar, bei diesem Stück auch die sehr deutliche Baßstimme gesondert zu verfolgen. Allerdings wäre dies nicht im Sinne des Werkes, weil die solistischen Stimmen Hauptträger des musikalischen Geschehens sind. In anderen Fällen kann es aber gerade bei Barockmusik durchaus sinnvoll sein, den Baß zu verfolgen, weil er als »basso continuo« – als fortlaufender Baß – ein gut hörbares Fundament bildet. Im folgenden Partiturbeispiel (Abb. 26), einem Ausschnitt aus dem Concerto grosso Nr. 8, dem sogenannten »Weihnachtskonzert« von Arcangelo Corelli, läßt sich wegen der Verschränkung der Violinstimmen der Baß am leichtesten im Auge behalten. Die Solo-Instrumente oben und die Tutti-Instrumente unten spielen dasselbe. In der Aufführungspraxis der Barockzeit wird sowohl der Solistengruppe als auch der Tutti-Gruppe ein Cembalo zugeordnet.

26. Verfolgen des Basses (Arcangelo Corelli: Concerto grosso Op. 6 Nr. 8, »Weihnachtskonzert«)

Als Übungsbeispiel für das Verfolgen einer instrumentalen Solostimme ist die Romanze in F-Dur für Violine solo und Orchester von Ludwig van Beethoven abgedruckt. Die Sologeige ist wie üblich über der Violine I des Orchesters notiert:

27. Verfolgen einer instrumentalen Solostimme
(Ludwig van Beethoven: Romanze F-Dur)

Eine Besonderheit des Konzerts für ein Solo-Instrument und Orchester ist die sogenannte Kadenz. Sie gibt dem Solisten Gelegenheit, sein Können ohne Begleitung des Orchesters zu zeigen. Die Kadenz ist von der Idee her eine Improvisation. Da aber gerade hier der Solist seine Virtuosität unter Beweis stellen soll, wird die Kadenz meist nur improvisiert wirken, in Wahrheit aber sorgfältig einstudiert sein. So hat es sich spätestens seit Beethoven eingebürgert, daß der Komponist selbst eine Kadenz schreibt, oder zumindest eine Kadenz von einem berühmten Virtuosen veröffentlicht wird. Ursprünglich ist die Kadenz eine improvisiert verzierte Schlußwendung eines Stücks. Daher behielt sie auch später ihren Platz gegen Schluß eines Satzes. Vor der Beethovenzeit wurden Kadenzen im allgemeinen nicht in die Partitur aufgenommen. Im Notentext ist nur an einer Generalpause des Orchesters, versehen mit einer Fermate, die jeweilige Stelle erkennbar, an der die Kadenz gespielt wird.

Für den Solisten ist im allgemeinen ein Triller notiert; es handelt sich um den Schlußtriller, der bereits das Ende der Kadenz bildet (Abb. 28).

28. Kadenz in einem Solokonzert (Joseph Haydn: Cellokonzert D-Dur)

Im Laufe des 19. Jahrhunderts wird dann die Kadenz ganz in die Komposition einbezogen, demzufolge in der Partitur auch vollständig ausge-
druckt. Ein Beispiel hierfür findet sich u. a. in Beethovens 5. Klavierkonzert (Abb. 29). Bei der Kadenz im I. Satz steht, da die neue Praxis, die
Kadenz zu notieren, offensichtlich noch nicht selbstverständlich ist, der
Vermerk, *no si fa una Cadenza,* man mache keine Kadenz, eben weil sie
schon komponiert ist.

Auch bei Orchesterwerken ohne Instrumental- oder Gesangssolisten
gibt es relativ gut heraushörbare Stimmen, vielfach an erster Stelle die
I. Violine als motivische Hauptstimme des musikalischen Satzes, die
durch ihre hohe Lage und die »chorische« Besetzung im Orchester
besonders deutlich hervortritt. Bei Mitwirkung eines Chors fällt meist die
höchste Chorstimme, der Sopran, »ins Ohr«.

NB. Non si fa una Cadenza, ma s'attacca subito il seguente.

29. Vom Komponisten ausgeschriebene Kadenz (Ludwig van Beethoven, 5. Klavierkonzert)

Kammermusikpartituren

Der nächste Schritt – nach dem Mitlesen von Partituren mit Gesangsstimmen und Soloinstrumenten – ist die Beschäftigung mit Werken mit einer relativ geringen Anzahl von Stimmen, von denen aber keine eindeutig dominiert. Dazu gehören vor allem die Partituren der Kammermusik, natürlich auch viele Orchesterwerke aus der Barockzeit, der Vorklassik sowie einzelne Kompositionen aus späterer Zeit.

Bei diesen Partituren mit wenigen Stimmen soll der Blick sich von der Einzelstimme frei machen und innerhalb der Gesamtstruktur die jeweils gerade am deutlichsten hörbare Stimme verfolgen. Hierfür sind drei Beispiele vorgesehen: eine Klavierkomposition (S. 124 ff.), ein Werk für Streichorchester (S. 129 ff.) und ein Kammermusikwerk mit Klavier (S. 138 ff.).

Die Klavierkomposition – der »Minutenwalzer« von Frédéric Chopin – ist nicht als Partitur im geläufigen Sinne notiert (er wird ja nur auf dem Klavier als Soloinstrument gespielt), dennoch erfordert das gleichzeitige Verfolgen der Hauptstimme in der rechten Hand und der Begleitung in der linken Hand eine ähnliche Lesetechnik. Die Schwierigkeit liegt hier in dem verhältnismäßig raschen Tempo (Abb. 30).

30. Noten für Klavier (Frédéric Chopin: Walzer in Des-Dur)

Das nächste Beispiel ist aus der *Kleinen Nachtmusik* von Wolfgang Amadeus Mozart entnommen. Sie ist besetzt mit Violine I und II, Viola, Violoncello und Kontrabaß (Abb. 31). Ob das Werk für solistische oder chorische Besetzung vorgesehen ist, kann nicht eindeutig geklärt werden.

Beide Aufführungsformen sind möglich und gebräuchlich. Beim Hören fällt vor allem die erste Violine auf, der im großen und ganzen die musikalische Führung anvertraut ist. Das Mitlesen könnte sich auf die Violine I konzentrieren; aber auch die anderen Instrumente haben interessante Stimmführungen.

Romance

31. Kammermusikpartitur (Wolfgang Amadeus Mozart:
Eine Kleine Nachtmusik, II. Satz)

Die nächste Partitur, das »Forellenquintett« von Franz Schubert weist mit Violine, Viola, Violoncello, Kontrabaß und Klavier eine durchaus ungewöhnliche Besetzung auf (Abb. 32). Diese Musik fordert geradezu das wechselweise Verfolgen der jeweils führenden Stimme. Zu Beginn sind das Klavier und Violine, später auch die anderen Instrumente. Das Klavier bildet aber noch eine zuverlässige Stütze beim Verfolgen der Partitur.

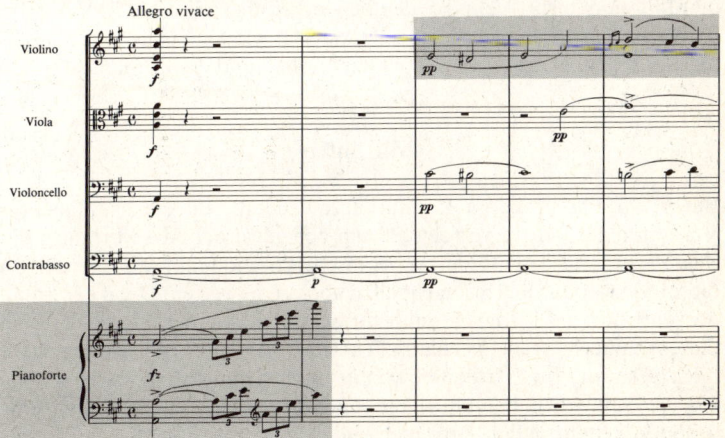

32. Kammermusik mit Klavier (Franz Schubert: »Forellenquintett«)

Als Übungsbeispiel (S. 138 ff.) ist jedoch nicht der I. Satz des »Forellenquintetts« abgedruckt, sondern der IV. Satz, der dem Quintett den Namen gegeben hat. Er besteht aus 6 Variationen über Schuberts Lied *Die Forelle*. Das Thema wird von der Violine vorgestellt; danach wandert es von Variation zu Variation weiter, zunächst zum Klavier, dann zur Bratsche, weiter zum Violoncello und Kontrabaß, in Variation 4 springt es zwischen Klavier und den hohen Streichern hin und her, jetzt allerdings in Moll und nicht mehr so deutlich erkennbar, in der 5. Variation dominiert das Violoncello. Die 6. Variation, wieder fröhlich im Charakter und schneller, gibt das Thema der Violine und dem Violoncello.

Mitzählen

Bevor wir uns größeren Partituren zuwenden, soll ein ganz anderes Verfahren des Partiturverfolgens besprochen werden, das Mitzählen der Takte bzw. Taktteile. Vom musikalischen Standpunkt aus beurteilt ist dieses Verfahren zunächst nicht allzu hoch zu bewerten. Denn der Inhalt der Partitur, die klangliche und formale Struktur der Musik wird bei diesem zunächst rein mechanischen Verfolgen der Taktschwerpunkte nicht erkannt. Im Extremfall könnte man nämlich bei geschlossenen Augen Takte zählen und wüßte dann trotzdem hinterher, wo eine bestimmte Stelle in der Partitur zu finden ist. Das bedeutet auch, daß die

Augen vom Verfolgen einzelner Melodie-Linien oder Motive befreit sind und Zusammenhänge erkennen können, die nicht ohne weiteres zu hören sind. Insofern hat das Mitzählen große Vorteile.

Das Mitzählen als ein Verfahren des Partiturverfolgens, das sich am weitesten vom exakten Lesen der Noten entfernt, eignet sich für mehrere Fälle:

wenn die nötige Routine im Notenlesen noch fehlt,

wenn zwar ausreichend Routine erworben wurde, das Partiturbild jedoch sehr komplex ist,

wenn große Sicherheit beim Verfolgen unerläßlich ist und man auf keinen Fall die Orientierung verlieren darf,

wenn die Augen vom bloßen Verfolgen befreit werden sollen, damit man in die musikalische Struktur eindringen kann.

Allerdings hängt es auch von der Art der Musik ab, ob Mitzählen das jeweils angemessene Verfahren darstellt. Zunächst empfiehlt es sich bei

33. Betonungsmuster in der Musik

besonders schnellen Tempi und undifferenzierten Partiturbildern. Selbstverständlich muß das Metrum, also die Betonung der schweren Taktteile, deutlich hörbar sein. Die Metrik ist die Lehre von der Betonung, dem Gewicht der einzelnen Zählzeiten eines Takts, während Rhythmik die Lehre von der Länge der einzelnen Noten ist. Einen zündenden Rhythmus gibt es deshalb eigentlich nicht, denn ohne Metrum kann kein Rhythmus zünden. Die metrischen Muster ergeben sich aus der Taktvorschrift, Abb. 33 (S. 79) faßt die wichtigsten zusammen.

Dieses System von Betonungen, man spricht auch vom Akzentstufentakt, hat sich nach 1600 über die Musik ausgebreitet. Es hat auch für die nicht-avantgardistische Musik unseres Jahrhunderts Gültigkeit, freilich oft in einer so komplizierten Form, daß es nicht mehr im bisherigen Sinne hörbar ist.

Ein typisches Beispiel, bei dem sich das Mitzählen geradezu aufdrängt, zeigt Abb. 34, ein Ausschnitt aus einem Streichquartett von Ludwig van Beethoven. Die Akzente auf der ersten Zählzeit eines jeden Takts sind trotz des geringen Lautstärkegrades (*pianissimo*) sehr deutlich zu hören, das Partiturbild ist dabei relativ wenig differenziert.

34. Ludwig van Beethoven: Streichquartett in cis-Moll Op. 131

Im Gegensatz dazu eignet sich das folgende Beispiel 35 aus demselben Quartett weniger zum Mitzählen: das Tempo ist langsam, es ist ein *Adagio*, das metrische Muster ist durch Überbindungen verschleiert, die erste Violine – oberste Zeile – läßt leicht eine Melodie erkennen, die verfolgt werden kann.

Wenig Sinn hat das Mitzählen auch bei Musik, die den Akzentstufentakt noch nicht kennt oder ihn hinter sich gelassen hat. So fußt Musik vor 1600 nicht allgemein auf Betonungsmustern; Tanzmusik, also vorwiegend Instrumentalmusik, und vom Tanz beeinflußte Vokalmusik ist ohne gleichmäßige Akzente natürlich auch zu jener Zeit nicht denkbar. Anders aber die Vokalmusik, Geistliche Musik und auch Gesellschaftsmusik der

35. Ludwig van Beethoven: Streichquartett in cis-Moll Op. 131

Renaissance, z. B. Madrigale: hier bestimmen die Wortakzente die musikalische Betonung. Dabei können zweigliedrige Betonungsmuster rasch und unerwartet in dreigliedrige übergehen. Das Partiturbeispiel 36a zeigt die Übertragung des *Stabat Mater* von Giovanni Pierluigi Palaestrina, einem noch lange Zeit danach als beispielhaft geltenden Komponisten der Renaissance, in heutige Notation. Das Werk ist für zwei Chöre komponiert. Den heute gebräuchlichen Schlüsseln sind die alten, zur Zeit Palaestrinas verwendeten vorangestellt, um über die ursprüngliche Art der Notierung zu informieren, desgleichen die alten Taktangaben. Die moderne Taktvorschrift ist $\frac{2}{2}$ $\frac{3}{2}$; gemeint ist damit ein Wechsel von $\frac{2}{2}$- und $\frac{3}{2}$-Takt. Der Wechsel ist unregelmäßig, gerade wie der Text es fordert.

36. Moderne Übertragung von Vokalmusik der Renaissance
a) mit Taktstrichen (Giovanni Pierluigi Palaestrina: *Stabat mater*)

Daß das System der Akzentstufen, das mit der Einteilung in Takte verbunden ist, auf Palaestrina angewendet ein völlig falsches Bild von der Musik ergibt, läßt sich schon am zweiten Takt zeigen: Die Betonung entsprechend dem Text ergibt ganz andere Akzente als die Betonung entsprechend einem $\frac{3}{2}$-Takt, der hier Synkopen und eine unsinnige Silbenbetonung hineininterpretiert.

Sta-bat ma-ter do-lo-ro-sa

* richtige, textgemäße Akzente

** Akzente, die sich aus der modernen Notation ergeben

Vielfach werden bei heutigen Ausgaben von Musik der Palaestrina-Zeit, um solche Mißverständnisse zu vermeiden, keine durchgehenden Taktstriche gesetzt, sondern sogenannte Mensurstriche zwischen den Notensystemen, die lediglich eine Maßeinheit andeuten, aber nicht so leicht zu Takt-Betonungen verleiten wie die durchgezogenen Taktstriche (Abb. 36b).

36. b) Beispiel mit Mensurstrichen (Claudio Monteverdi: *Lasciate mi morire*)

Bei der Musik des 20. Jahrhunderts ergeben sich oft Schwierigkeiten daraus, daß häufiger Taktwechsel wie in Beispiel 37 eine gewisse Verwirrung beim Mitzählen schafft. Wenn zudem – wie ebenfalls in Beispiel 37 – komplizierte Rhythmen hinzukommen, wird das Mitzählen ein ausgesprochen schwieriges Unterfangen.

37. Häufiger Taktwechsel und komplizierte Rhythmen in Partituren des
20. Jahrhunderts (Igor Strawinsky: »Frühlingsopfer«)

»Synchronisieren«

Das fortwährende Mitzählen ist nicht immer möglich, nicht nur, daß die komplizierte Struktur der Musik dem weniger Geübten Grenzen setzt, auch die jeweiligen äußeren Umstände können die Konzentration stören. Eine kurze Unterhaltung – z. B. zwischen Aufnahmeleiter und Tonmeister während einer Schallplatten- oder Rundfunkproduktion – oder eine kleine Störung unterbrechen bereits das Mitzählen. In solchen Fällen ist es wichtig, schnell wieder in den Zusammenhang von erklingender Musik und Notations-Bild der Partitur hineinzufinden. Wie ist dies zu bewältigen? Man hört zunächst eine Weile nur zu und versucht, die Musik in ihren Grundzügen in ein Partiturbild umzudenken, z. B. so: die Streicher spielen schnelle Noten, die Blechbläser schweigen, die Holzbläser haben lange Noten; solche Stellen wird es immer wieder in einer Partitur geben. Es muß ein deutlicherer Einschnitt im musikalischen Geschehen, ein »Synchronpunkt« abgewartet werden, z. B. der Einsatz der gesamten Bläser oder eine Stelle, an der die ersten Geigen allein spielen, oder die Solostelle eines Blasinstruments oder eines deutlich hörbaren Schlaginstruments, ein Beckenschlag z. B. Ein solcher »Synchronpunkt« ist etwa der Einsatz der Blech- und Holzbläser in Wagners Meistersingervorspiel im Notenbeispiel 38.

Es geht natürlich auch umgekehrt: man sucht sich in der Partitur eine klanglich unverwechselbare, prägnante Stelle der beschriebenen Art, von der man einigermaßen sicher ist, daß sie noch nicht vorbei ist, und wartet, bis sie zu hören ist. Vervollkommnet wird dieses Verfahren, indem man sich einerseits möglichst mehrere Stellen in der Partitur merkt und andererseits auch mehrere Stellen in der Musik. Hierbei wird regelmäßige Übung beträchtlich weiterhelfen.

Wenn man versucht, eine Partitur anhand erklingender Musik zu verfolgen, kann es bei geringerer Erfahrung vorkommen, daß eine sich im Notenbild deutlich abhebende Stelle klanglich weit weniger auffällig gehört wird. Solche Stellen können z. B. sehr schnelle Tonfolgen sein, die aber im Gesamtklang überdeckt werden; im Beispiel 38 haben die Streicher im letzten Takt eine solche sehr schnelle Tonleiter, die im Notenbild auffällt, klanglich aber nur ein beiläufiges Detail des musikalischen Satzes bildet. Weiterhin – auch dies zeigt das obige Partiturbeispiel – ist der Einsatz einer Harfe vom Partiturbild her ins Auge springend, aber oft kaum hörbar. Auch die Pauke kann äußerst leise spielen und ist nicht immer so deutlich zu hören, wie man es erwartet. Oft sieht auch ein Einsatz der Hörner wichtiger aus, als er im Klangbild erscheint.

Auch die schnellen Begleitfiguren in Nebenstimmen heben sich oft in einem Maße aus dem Partiturbild heraus, das nicht dem Klangbild der

38. »Synchronstelle« (Richard Wagner: *Meistersinger*-Vorspiel)

Musik entspricht. Beispiel 39 zeigt einen Ausschnitt aus Robert Schumanns Klavierkonzert. Die deutlich den musikalischen Ablauf bestimmende Melodie liegt in der Violine I und in der linken Hand des Klavierparts.

39. Graphisch auffällige Begleitfiguren überdecken im Schriftbild die Hauptstimme (Robert Schumann: Klavierkonzert, I. Satz)

Umgekehrt gibt es aber auch Instrumenteneinsätze, die im Partiturbild zunächst untergeordnet erscheinen, sich in der Musik aber sehr deutlich herausheben. Dazu gehören vor allem die Einsätze der Blechbläser wie im letzten Takt des folgenden Beispiels aus Beethovens 5. Sinfonie. Nachdem das Orchester *pianissimo* gespielt hat, setzen Trompeten und Posaunen nach einem kurzen *crescendo* im *fortissimo* ein. Vom Notenbild

40. Ludwig van Beethoven: Sinfonie Nr. 5, I. Satz

scheint dies kein besonders hervortretender Einsatz zu sein. Die Bezeichnung der Dynamik *pp cresc.* - - - *ff*, obwohl graphisch unscheinbar, zeigt dem Leser der Partitur an, daß er an dieser Stelle eine ungewöhnliche Steigerung der Lautstärke im voll besetzten Orchester zu erwarten hat.

Das »musikalische« Mitlesen

Eine Einzelstimme herausgreifen, verschiedene Einzelstimmen wechselweise verfolgen, Mitzählen und Synchronpunkte benutzen, das sind die bisher besprochenen Methoden, eine Partitur beim Anhören von Musik zu verfolgen. Im allgemeinen wird nicht eine dieser Methoden ausschließlich angewendet; entsprechend der Partitur und entsprechend den Absichten beim Lesen wechselt man zwischen den verschiedenen Möglichkeiten, sich zu orientieren, oder man kombiniert sie: eine kantable Solo-Passage der 1. Oboe wird man Ton für Ton verfolgen, ebenso die »Beantwortung« durch ein anderes Instrument. Da, wo die Partitur, z. B. durch rasch fortschreitende Modulation von Tonart zu Tonart und zwischen den Instrumentengruppen schnell wechselnde kurze Motive unübersichtlich wird, beschränkt man sich auf das Mitzählen und versucht vielleicht noch, die Motivstruktur mit zu erfassen. Beim Scherzo aus Beethovens 9. Sinfonie z. B. fällt es sogar geübten Partiturlesern schwer, bei dem außerordentlich schnellen Tempo und dem ziemlich gleichförmigen Partiturbild nicht den Faden zu verlieren. Zumindest beim ersten Anhören beschränkt man sich am besten darauf, nur ganze Takte mitzuzählen. Hat man schließlich doch nicht mehr die Übersicht über den gerade erklingenden Ablauf, versucht man, sich anhand markanter Synchronpunkte wieder neu in die Partitur hineinzufinden, um dann möglicherweise zu einer der anderen Formen des Mitlesens zurückzukehren.

Für das weitere Üben sind auf Seite 96–247 zehn Partiturausschnitte abgedruckt, geordnet nach steigender Schwierigkeit. Die folgenden Erläuterungen zu einigen dieser Übungsbeispiele sollen nochmals die verschiedenen Möglichkeiten darstellen, eine Partitur zu verfolgen, von der ersten Orientierung im Notentext bis hin zum analytischen Erfassen von Motivstrukturen, was freilich kaum beim ersten Hören möglich ist, sondern entsprechender Vorbereitung anhand der Partitur bedarf.

Die Mozart-Partitur (S. 155 ff.) kann sowohl anhand einzelner Stimmen verfolgt als auch durchgezählt werden, besser natürlich beides gleichzeitig. Die Streicher haben die wesentlichen Aufgaben zu übernehmen, aber auch den Bläsern werden selbständige Funktionen im musikalischen Ablauf übertragen. Noch sind Streicher und Bläser eher kontrastierend verwendet.

In der Partitur von Beethovens berühmter »Fünften«, der sogenannten Schicksalssinfonie (S. 167 ff.), sind Streicher und Bläser klangfarblich raffinierter eingesetzt, neue Klangmischungen entstehen. Es ist interessant, beim Mitlesen z. B. das Kopfmotiv bei seinen Wanderungen durch die verschiedenen Stimmen zu verfolgen: ♪♪♪ | ♩

Die vierte Sinfonie von Brahms (S. 181 ff.) hat fast dieselbe Besetzung wie Beethovens »Fünfte«, auch stilistisch steht sie auf der Entwicklungslinie der Sinfonie, die von Beethoven besonders stark geprägt ist. (Noch deutlicher ist die Verwandtschaft zwischen der ersten Sinfonie von Brahms und Beethovens fünfter Sinfonie.) Die Behandlung der Bläser entspricht in groben Zügen derjenigen bei Beethoven, nur sind die Bläserstimmen differenzierter, auch polyphoner behandelt, d. h. sie sind mit mehr selbständigen Gegenstimmen betraut.

Das im Grunde hinter allen Bemühungen des Partiturstudiums stehende Ziel ist das tiefere Eindringen in die Musik, das bessere Verständnis der hörbaren Vorgänge in einem Musikwerk und seiner formalen Anlage, die nur schwer durch den bloßen Hör-Eindruck zu erkennen ist. Nun muß zunächst zwischen vertikalen und horizontalen Strukturen in einer Partitur unterschieden werden. Die vertikalen Strukturen erfassen den harmonischen Verlauf, der ganz wesentlich ist und auch mit der Form eines Stücks in untrennbarem Zusammenhang steht. Es ist aber nicht leicht, solche harmonischen Strukturen aus einer Partitur herauszulesen, da sie sich auf viele Instrumente verteilen, im allgemeinen auch auf transponierende Instrumente, womit sich zusätzliche Leseprobleme verbinden. So müssen harmonische Analysen, die zudem erhebliches musiktheoretisches Wissen voraussetzen, aus dem hier gesteckten Rahmen ausgegrenzt werden. Demgegenüber sind die horizontalen Strukturen leichter zu erkennen und zu verfolgen. Dies betrifft also vor allem die Melodik, Motivik und Rhythmik einer Partitur. Auch hierbei müßten gewisse musiktheoretische Kenntnisse vorausgesetzt werden. Dennoch soll am letzten Partiturbeispiel dieses Kapitels (S. 91 ff.) versucht werden, das Wandern von Motiven durch die Partitur, ihre Weiterentwicklung und Funktion in der Partitur darzustellen (Abb. 41). Auch wenn mancher Leser hier Verständnisschwierigkeiten haben sollte, wird er doch wenigstens erahnen, wie kunstvoll und zugleich klanglich beeindruckend Wagners *Tristan*-Vorspiel aufgebaut und instrumentiert ist. Die Betrachtung soll sich auf die ersten fünf Seiten beschränken; sie greift auch wie gesagt nur einen der möglichen Aspekte der musikalischen Struktur des Vorspiels heraus.

Das *Tristan*-Vorspiel stellt nach Wagners eigenem Kommentar das unstillbare Verlangen, das Tristan und Isolde für einander empfinden, in einer gewaltigen Steigerung und Verdichtung der Musik dar und in einem raschen Zurücksinken in die Stille des Beginns. Neu an der Musik des *Tristan* ist, daß sie nicht wie aus Quadern aus einzelnen musikalisch in sich relativ abgeschlossenen Strukturen zusammengesetzt ist, sondern sich in einem stetigen Fluß entwickelt; anstelle von Zäsuren, vorläufigen Schlüssen und plötzlichen Neueinsätzen stehen gleitende Übergänge, stets strebt die Entwicklung weiter, jeder Akkord drängt nach Auflösung und führt doch wieder in einen neuen Akkord voller Spannungen. Das *Tristan*-Vorspiel kann nach vielerlei Gesichtspunkten musikalisch analysiert werden. Hier soll einmal nur die Verwendung von drei Motiven, also kurzen Melodiestrukturen, verfolgt werden:

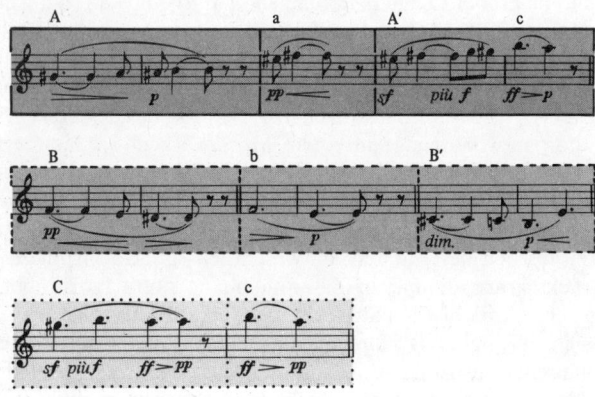

Das Vorspiel beginnt mit zwei, auch im weiteren Verlauf des Musikdramas immer wiederkehrenden Motiven, einer aufsteigenden chromatischen Tonleiter (Motiv A) und einer fallenden chromatischen Tonleiter (Motiv B). Die spiegelbildlich zusammengehörigen Motive symbolisieren im Handlungsablauf Liebessehnsucht (aufsteigend, Motiv A) und Leid (absteigend, Motiv B). Im zweiten Takt greifen beide Motive bedeutungsvoll ineinander und fassen so im Grunde den gesamten Inhalt des Dramas zusammen. Von beiden Motiven gibt es eine Kurzform, den Halbtonschritt aufwärts (Motiv a) bzw. abwärts (Motiv b). Im weiteren Verlauf begegnet eine weitere Variante von Motiv A, hier A' genannt, die sich als zusammengesetzt erweist aus A und einem weiteren Motiv c, einer verkürzten Variante von C. Während A eher einer Frage gleicht, kommt C im Charakter einer Antwort gleich. Die weit ausschwingende Melodie, die in Takt 15 in der Violoncellostimme beginnt, stellt sich in einen Gegensatz zu Motiv A und B, sie ist in Tonleiterschritten aufgebaut und bringt ein lebensbejahendes Element in die musikalische Entwicklung; sie ist hier nicht weiter gekennzeichnet. Das Motiv A mit seinen

Varianten kommt in dem kurzen Ausschnitt rund 40mal vor, das Motiv B 25mal und C 13mal. Es gibt fast keinen Takt, in den nicht mindestens eines dieser Motive verwoben ist; meist kommen A und B bzw. deren Varianten mehrfach gleichzeitig vor. Sie bilden sozusagen die Fäden, aus denen der Stoff gewoben ist, erst dünn, dann immer dichter.

41. »Musikalisches« Partiturenlesen (Richard Wagner:
Vorspiel zu *Tristan und Isolde*, Beginn)

6. Übungsbeispiele

Die folgenden Partiturbeispiele zum Mitlesen und Mithören sind nach zunehmender Schwierigkeit geordnet. Sie bieten die Möglichkeit, die verschiedenen Verfahren des Partiturlesens zu erproben. Mit diesen Partiturbeispielen kann jedoch noch keine ausreichende Übung erworben werden, da für jeden Schwierigkeitsgrad nur ein kurzes Beispiel abgedruckt ist. Die Partituren wurden unter dem Gesichtspunkt der Bekanntheit der Werke ausgewählt. So sind Aufnahmen als Schallplatten oder Musicassetten entweder schon vorhanden, können in jedem Falle aber ohne Probleme beschafft werden.

Johann Sebastian Bach: *Erbarme dich, mein Gott*, Arie Nr. 47 aus der Matthäus-Passion BWV 244, Teil II

Ludwig van Beethoven: Romanze in F-Dur Op. 50 Nr. 2 für Violine und Orchester

Frédéric Chopin: Walzer in Des-Dur Op. 64 Nr. 1 für Klavier, »Minutenwalzer«

Wolfgang Amadeus Mozart: *Eine kleine Nachtmusik*, Serenade in G-Dur KV 525, IV. Satz

Franz Schubert: Quintett für Klavier, Violine, Viola, Violoncello und Kontrabaß in A-Dur, »Forellenquintett«, IV. Satz

Wolfgang Amadeus Mozart: Sinfonie in C-Dur, KV 551 »Jupiter-Sinfonie«, Auszug aus dem I. Satz

Ludwig van Beethoven: Sinfonie Nr. 5 in c-Moll Op. 67, Auszug aus dem I. Satz

Johannes Brahms: Sinfonie Nr. 4 in e-Moll Op. 98, Auszug aus dem I. Satz

Richard Wagner: Vorspiel zu *Tristan und Isolde*

Igor Strawinsky: *Der Feuervogel*, Ballett-Suite 1945, Auszug

Um das Verfolgen der Partituren zu erleichtern, sind die jeweils deutlich hörbaren Stimmen durch graue Rasterflächen hervorgehoben.

Johann Sebastian Bach: *Erbarme dich, mein Gott*, Arie Nr. 47 aus der Matthäus-Passion BWV 244, Teil II

Werk: Die Matthäus-Passion wurde am Karfreitag 1729 erstmals von Bach in Leipzig aufgeführt. Als Textvorlage dient das Evangelium nach Matthäus, ergänzt durch Choraltexte und freie barocke Lyrik von Picander (Pseudonym für Christian Friedrich Henrici). Das Werk ist für zwei getrennte Klanggruppen – jeweils ein Orchester, ein Chor und eine Orgel – sowie einen Evangelisten (Erzähler), Soliloquenten (Solostimmen zur Darstellung von handelnden Personen wie z. B. Petrus) und weitere Solostimmen (keine handelnden Personen) sowie einen zusätzlichen Chor komponiert. Die Arien dieser nicht zu den Soliloquenten zählenden Solostimmen haben als Texte Picanders Dichtungen: sie bilden – den dramatischen Ablauf unterbrechend – betrachtende, die Gefühle darstellende Ruhepunkte, vergleichbar den Bildtafeln an einem Kreuzweg. Die Arie für Alt *Erbarme dich, mein Gott, um meiner Zähren willen* ist ein solcher Ruhepunkt, als Petrus dreimal geleugnet hatte *ich kenne des Menschen nicht*; und weiter singt der Evangelist: *Da dachte Petrus an die Worte Jesu, der zu ihm sagte: Ehe der Hahn krähen wird, wirst du mich dreimal verleugnen. Und ging heraus und weinete bitterlich.* Hier folgt nun die Arie.

Die Arie ist in ihrem Affektgehalt eine ergreifende Darstellung des Textes. Solovioline und Solo-Alt, begleitet von den Streichern *sempre piano* und den wie ein Herzschlag pochenden Bässen, bilden das Klanggewand.

Das instrumentale Nachspiel ist tongetreu mit dem Vorspiel identisch und deshalb nicht nochmals notiert. Der Hinweis am Schluß der Arie *Dal Segno al ⁊* bedeutet, daß das Vorspiel vom *Segno* an, vom Zeichen 𝄋 über dem ersten Taktstrich, bis zur Fermate im 8. Takt zu wiederholen ist.

Besetzung: Die Arie ist neben der Solostimme und der Solovioline mit einem begleitenden Streichorchester besetzt, dessen Baßstimme (Violoncello und Kontrabaß) durchgehend gezupft wird. Die unterste Zeile der Partitur *Organo e Continuo* ist sowohl die Baßstimme des Streichorchesters als auch die des akkordischen Generalbaßinstruments, hier also auch die Stimme der Orgel. Die Ziffern unter dieser Stimme geben die zu spielenden Akkorde an.

Die Bezeichnung *Coro I* besagt, daß hier Orchester I und Orgel I des durchgehend mit zwei Orchestern, zwei Continuo-Orgeln und zwei Chören besetzten Werks zu spielen haben.

Hinweise zum Mitlesen siehe S. 71

er - bar - - me dich, mein Gott, um mei - - ner

Zäh- - - - ren, um mei - ner Zähren wil - len.

Dal Segno
al 𝄇

Ludwig van Beethoven: Romanze in F-Dur Op. 50, Nr. 2
für Violine und Orchester

Werk: Die Romanze in F-Dur hat Beethoven zusammen mit der Romanze in G-Dur im Jahre 1803, zwei Jahre vor seinem Violinkonzert, komponiert. Kennzeichnend ist die eingängige Gesanglichkeit des Werks (*Adagio cantabile*), die ihm zu großer Popularität verholfen hat. Die Violinstimme ist dementsprechend melodisch-einstimmig geführt, ganz im Gegensatz zur Romanze in G-Dur, bei der die polyphonen Möglichkeiten des Instruments ausgenützt werden. Die Tempovorschrift ist *alla breve*, d. h. es soll nicht auf Viertel, sondern auf Halbe gezählt werden. Dadurch wird einerseits ein zu langsames Tempo vermieden, andererseits ein sehr ruhiger Atem der Musik erreicht.

Besetzung: Die Romanze stellt den Solisten in den Vordergrund, das Orchester hat im wesentlichen nur begleitende Aufgaben. Es ist deshalb sinnvoll, daß Beethoven – auch im Sinne einer Ökonomie der Mittel – auf einen Besetzungstypus zurückgreift, der als konservativ bezeichnet werden muß. Im Streichorchester spielen Violoncello und Kontrabaß zusammen; dabei muß allerdings berücksichtigt werden, daß in der Aufführungspraxis der Beethovenzeit die Kontrabassisten ihre Stimmen oft vereinfacht haben. Im 8. bis 5. Takt vor dem Schluß z. B. könnten sie nach der Praxis der Zeit Achtel- oder Viertelnoten gespielt haben. Bei den Bläsern fehlen – verglichen mit dem zeitüblichen Standard – eine zweite Flöte und zwei Klarinetten. Die einzigen transponierenden Instrumente sind die beiden Hörner in F; sie klingen eine Quinte tiefer als notiert. Die Bläsergruppe hat kaum eigenständige musikalische Aufgaben. Die Flöte oktaviert häufig die Stimme der ersten Violine, die ziemlich tief geführt ist; dadurch wird der Klang des Orchesters weich. Die anderen Instrumente füllen den Orchesterklang vielfach mit liegenden Tönen auf.

Hinweise zum Mitlesen siehe S. 73

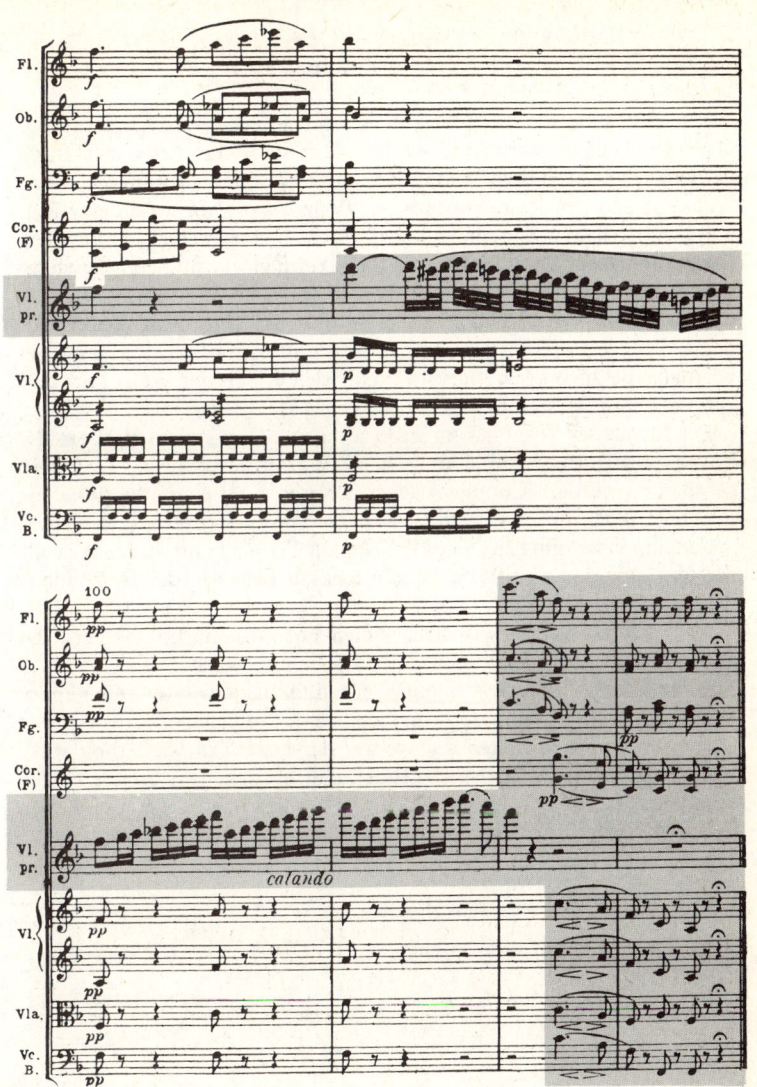

Frédéric Chopin: Walzer in Des-Dur Op. 64 Nr. 1
für Klavier, »Minutenwalzer«

Werk: Der Walzer ist nach 1780 im österreichisch-bayerischen Raum aus dem »Deutschen« Tanz und dem Ländler entstanden. Seine große Zeit kam aber erst nach dem Wiener Kongreß mit Johann Strauß Vater und Sohn und anderen Komponisten. Der Walzer war wie kein anderer Tanz mit den sozialen Umschichtungen des 19. Jahrhunderts verbunden. Ursprünglich ein Tanz der unteren Bevölkerungsschichten, eng geschlossen und schnell getanzt, hat er besonders in Wien alle Schichten erfaßt und zu einem wahren Walzerfieber geführt. Im Gegensatz dazu wurde der Walzer am Preußischen Hof in Berlin in dem offiziellen Teil eines Festballs nie zugelassen, auch in Frankreich erhielt der Walzer nie eine vergleichbare Bedeutung.

Die Musik des Walzers kann grob gesagt in »Gebrauchs«-Walzer, also Musik zum Tanzen, und in konzertante Walzer, also Musik zum Hören geschieden werden. Chopins Walzer gehören nicht eindeutig der einen oder anderen Gruppe an, tendieren aber mehr zum konzertanten Walzer. Schumann hat einmal zu einem Walzer von Chopin bemerkt, daß – wolle man ihn zum Tanz aufspielen – wenigstens gut die Hälfte der Tänzerinnen Komtessen sein müßten.

Der »Minutenwalzer« ist nach einem Formschema komponiert, das auch für die Wiener Gebrauchstänze viel benutzt wurde: Auf eine kurze Einleitung folgt der erste Teil mit zwei achttaktigen, wiederholten Perioden, dann schließt sich ein formal ähnlich gebauter, aber im Charakter kontrastierender Mittelteil an, worauf der erste Teil wiederholt wird. Interessant ist, wie Chopin in der Einleitung und in den ersten vier Takten des ersten Teils, aber auch nochmals im zweiten Teil, gegen den klaren Dreiertakt der linken Hand in der rechten Hand sich wiederholende Motive mit einer Dauer von zwei Vierteln stellt.

Hinweise zum Mitlesen siehe S. 76

Wolfgang Amadeus Mozart: *Eine Kleine Nachtmusik*, Serenade in G-Dur KV 525, IV. Satz

Werk: Die *Kleine Nachtmusik* gehört zu den populärsten Kompositionen der Klassik. Sie ist im Jahre 1787, am 10. August komponiert worden. Mozart nennt in seinem handschriftlichen Verzeichnis seiner Kompositionen fünf Sätze, überliefert sind aber nur vier. Über den Verbleib des fünften Satzes, ein Menuett nach dem ersten Satz, wissen wir nichts, ebensowenig über den Anlaß der Entstehung oder über eine Aufführung, obwohl bekannt ist, daß Mozarts Serenaden, zu denen auch die *Kleine Nachtmusik* zählt, Auftragskompositionen waren. Der Titel der Serenade stammt von Mozart selbst und ist in dem oben erwähnten *Verzeichnis aller meiner Werke* überliefert: *Eine kleine NachtMusick*. Die Serenaden der Wiener Klassik gehören ihrer Gattung nach zur Unterhaltungsmusik der damaligen Zeit; sie waren vielfach für die Aufführung im Freien bestimmt. Formal tendiert die *Kleine Nachtmusik* aber deutlich zur Gattung der Sinfonie.

Besetzung: Die *Kleine Nachtmusik* kann entweder in jeder Stimme solistisch besetzt werden, also mit insgesamt fünf Instrumenten: Violine I/II, Viola, Violoncello und Kontrabaß – eine in der Kammermusik durchaus selten verwendete Ensembleform. Bei chorischer Besetzung hingegen ergibt sich ein ganz normales Streichorchester.

Hinweise zum Mitlesen siehe S. 76 f.

Franz Schubert: Quintett für Klavier, Violine, Viola, Violoncello und Kontrabaß in A-Dur, »Forellenquintett«, IV. Satz

Werk: Schubert hat dieses reizende, beschwingte Quintett im Jahre 1819 geschrieben. Es gehört heute zu den beliebtesten Werken Schuberts, ja zu den beliebtesten Kammermusikwerken überhaupt. Die Anregung zur Komposition kam von dem Bergwerksdirektor und Musikfreund Paumgartner in Steyr, wo Schubert mit seinem Sängerfreund Vogl den Sommer verbracht hatte. »Bedingung« für die Komposition war wohl, daß Schubert Variationen über sein 1817 entstandenes Lied *Die Forelle* einfügte, das Paumgartner außerordentlich liebte. So erhielt das Quintett auch den Namen »Forellenquintett«. Die Variationen über das Lied hat Schubert in die übliche Satzfolge klassischer Werke zwischen das Scherzo und das Finale eingefügt. Er beschränkt sich aber nicht darauf, nur die Melodie des Liedes zu variieren; das ganze Quintett wird von der poetischen Idee des Liedtextes getragen. Die einfache Geschichte – ein Wanderer sieht an einem klaren Bach einem Fischer beim Fangen einer Forelle zu, die Forelle kann aber erst gefangen werden, nachdem das Wasser getrübt wurde – bekommt in Schuberts Musik schließlich ein gutes Ende, der Fisch erlangt seine Freiheit wieder.

Besetzung: Die Besetzung des Quintetts ist ungewöhnlich: Klavier, Violine, Viola, Violoncello und Kontrabaß. Wahrscheinlich geht sie auf besondere Gegebenheiten im Hause Paumgartner zurück. Die Instrumente sind in der Partitur wie in der Kammermusik üblich angeordnet, nämlich nach ihrer Tonlage und das Klavier zuunterst. Der Kontrabaß klingt eine Oktave tiefer als notiert.

Hinweise zum Mitlesen siehe S. 77f.

TEMA
Andantino

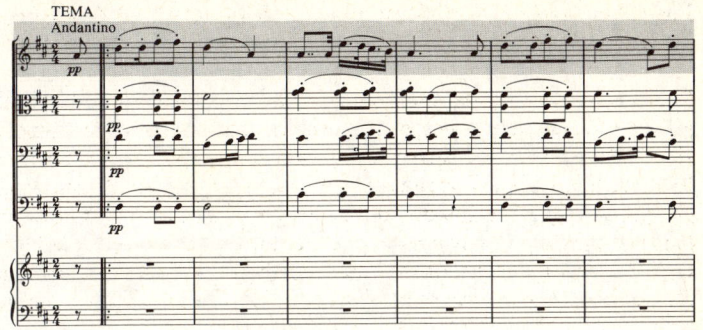

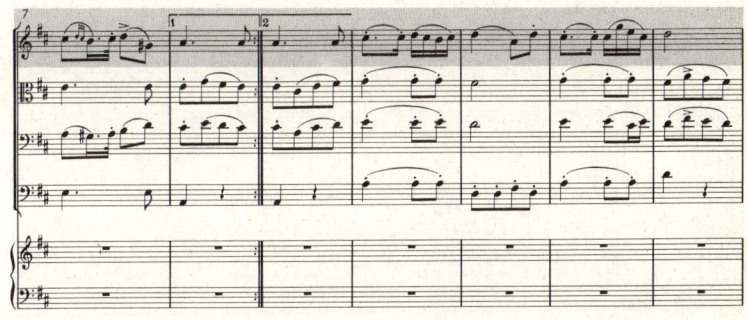

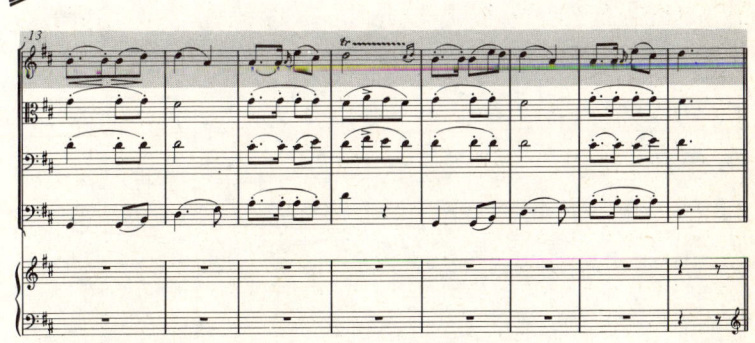

Wolfgang Amadeus Mozart: Sinfonie in C-Dur KV 551
»Jupiter-Sinfonie«, Auszug aus dem I. Satz

Werk: Mozart hat die sogenannte Jupiter-Sinfonie – der Titel stammt aus der Zeit nach seinem Tod – am 10. August 1788, auf den Tag genau ein Jahr nach der *Kleinen Nachtmusik*, fertiggestellt. Er muß die Sinfonie in kürzester Zeit niedergeschrieben haben, weil die davor vollendete Sinfonie in g-Moll von Mozart auf den 25. Juli datiert ist. Die Es-Dur-Sinfonie, die erste der drei späten Sinfonien Mozarts, ist am 26. Juni abgeschlossen worden. So entstanden in kürzester Zeit drei Werke, die in jeder Hinsicht zu den bedeutendsten Werken der Wiener Klassik zählen.

Besetzung: Für die Sinfonien Mozarts läßt sich keine Besetzungsnorm angeben. Selbst innerhalb der letzten drei Sinfonien gibt es keine Einheitlichkeit: Neben der Streichergruppe ist allen nur eine Flöte, zwei Fagotte und zwei Hörner gemeinsam, die Es-Dur-Sinfonie verlangt dazu noch zwei Klarinetten, die g-Moll- und die »Jupiter«-Sinfonie zwei Oboen; Trompeten und Pauken sind nur in der Es-Dur- und in der »Jupiter«-Sinfonie besetzt. In Mozarts eigener Niederschrift sind die Instrumente nach der damals üblichen italienischen Praxis angeordnet: die hohen, nicht transponierenden Instrumente stehen über den tiefen bzw. über den transponierenden Instrumenten; damit ist die Reihenfolge von oben nach unten: Violine I, Violine II, Viola, Flöte, Oboe I, Oboe II, Fagott I, Fagott II, Horn I und II, Trompete I und II und Pauken. Die heutigen Partituren verwenden selbstverständlich die übliche Anordnung. Die Trompeten – bei Mozart noch »Clarini« genannt – transponieren nicht, da sie in C-Stimmung entsprechend der Tonart der Sinfonie stehen. Die Hörner stehen zwar auch in C; es handelt sich dabei aber um Hörner in »tief C«, sie klingen also eine Oktave tiefer als notiert.

Hinweise zum Mitlesen siehe S. 88

Ludwig van Beethoven: Sinfonie Nr. 5 in c-Moll Op. 67, Auszug aus dem I. Satz

Werk: Ganz anders als Mozart, der seine Sinfonien oft in unglaublich kurzer Zeit niederschrieb, spielte sich bei Beethoven ein Entstehungsprozeß ab, der bei den meisten Sinfonien längere Zeit in Anspruch nahm und anhand der überlieferten Skizzenbücher Beethovens verfolgt werden kann. So hatte sich Beethoven schon 1803 erste Themenentwürfe für seine spätere 5. Sinfonie notiert, während die Hauptarbeit an der Komposition erst Ende 1807 und Anfang 1808 anzusetzen ist. Zu etwa derselben Zeit ist auch die 6. Sinfonie fertiggestellt worden, so daß Beethoven wohl einige Zeit lang abwechselnd an beiden Werken gearbeitet hat. Den Beinamen »Schicksalssinfonie« erhielt das Werk aufgrund eines angeblich von Beethoven stammenden Ausspruchs zur Interpretation der ersten Takte der Sinfonie: »So pocht das Schicksal an die Pforte«; der Ausspruch wurde von seinem Schüler Anton Schindler berichtet, wird aber vielfach angezweifelt. Die 5. Sinfonie Beethovens gehört zu den populärsten Werken des Komponisten und ist heute in einer Unzahl von Interpretationen auf Schallplatte verbreitet. Schon 1913 entstand – als erste Orchesteraufnahme überhaupt – eine Einspielung des Werks auf mehreren Platten. Seitdem dürften über 100 Aufnahmen entstanden sein, lieferbar sind immerhin derzeit 35–40. Die Sinfonie wurde am 22. Dezember 1808 im Theater an der Wien innerhalb einer sogenannten Akademie aufgeführt. Dem Brauch der Zeit entsprechend war dies ein öffentliches Konzert mit einem wahren Monsterprogramm aus Werken Beethovens; neben der 5. Sinfonie wurde die 6. Sinfonie, das 4. Klavierkonzert, die Chorfantasie, Teile der C-Dur-Messe sowie eine freie Fantasie auf dem Klavier gegeben. Alle Werke wurden uraufgeführt, ein fundamentaler Unterschied zum Konzertleben unserer Zeit. Pianist war Beethoven selbst.

Besetzung: Die Besetzung der ersten drei Sätze der Sinfonie unterscheidet sich von derjenigen des vierten Satzes: Zu der in dieser Zeit üblichen doppelten Holzbläserbesetzung sowie je zwei Hörnern, Trompeten und Pauken kommen im letzten Satz eine Piccoloflöte, ein Kontrafagott und drei Posaunen hinzu. Damit hat Beethoven den weiteren Weg für die Entwicklung des Orchesters gewiesen. In der ersten gedruckten Partitur, die erst 1826 erschienen ist – 1809 waren nur die Einzelstimmen gedruckt worden –, standen ganz oben die Pauken, darunter die Trompeten (»Clarini«), sodann die Hörner; darunter folgten die Holzblasinstrumente und die Streicher in der heute üblichen Anordnung. Es transponieren die Hörner in Es um eine große Sexte und die Klarinetten in B um

einen Ganzton nach unten. Im vierten Satz klingen die Piccoloflöte eine
Oktave höher und das Kontrafagott eine Oktave tiefer als notiert.

Hinweise zum Mitlesen siehe S. 89

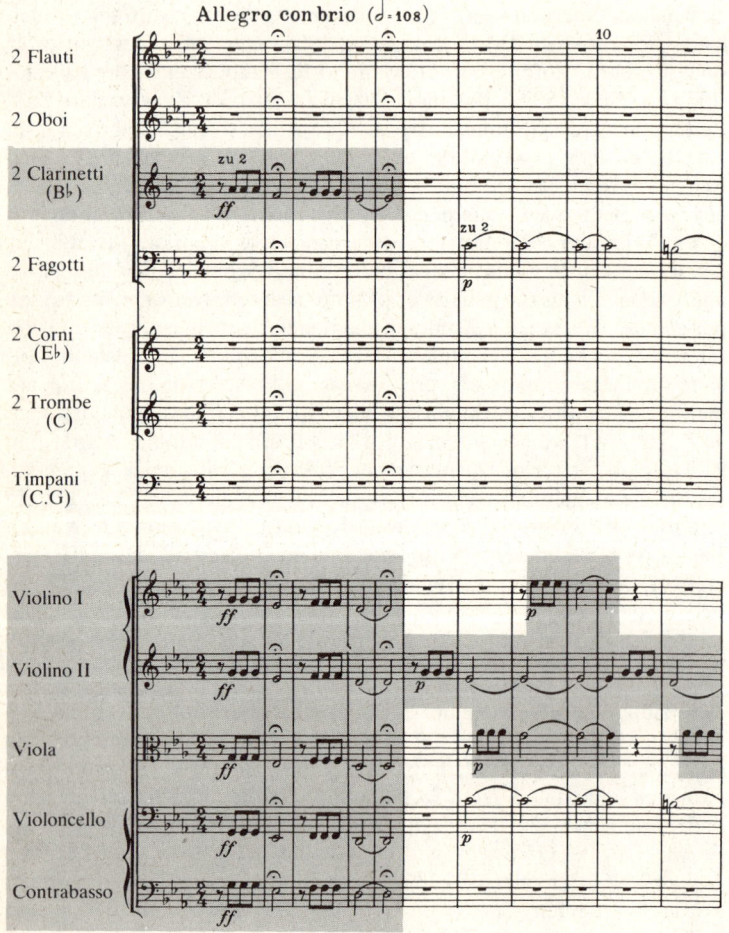

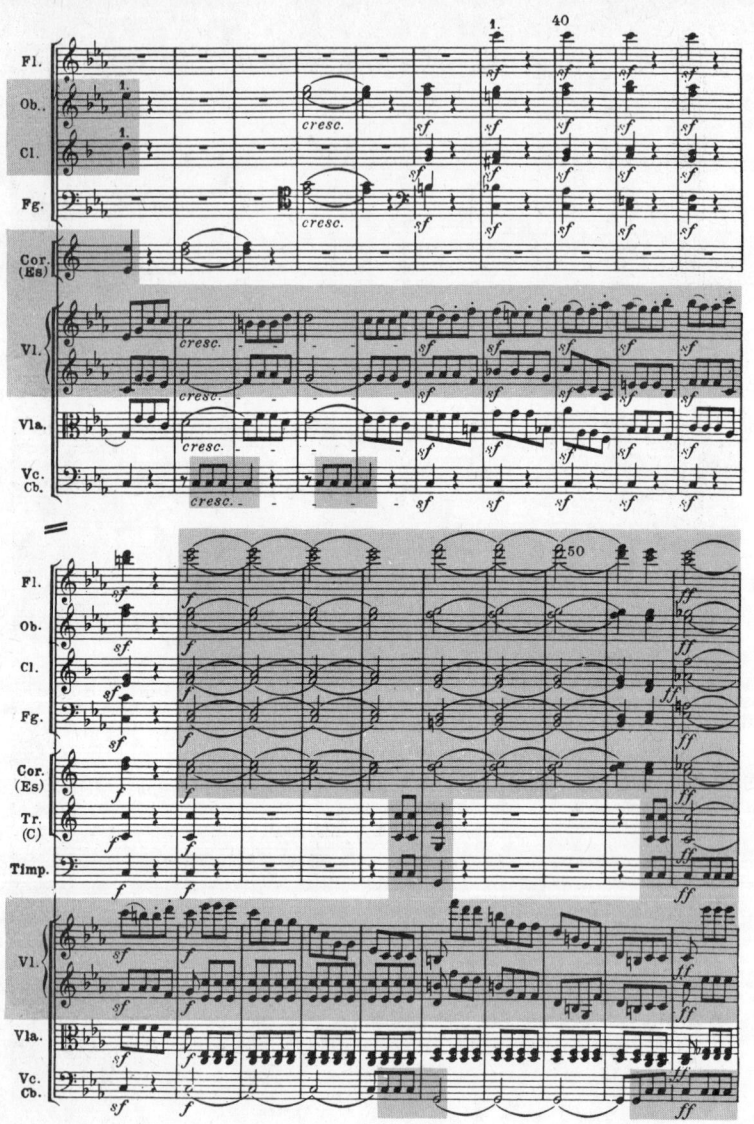

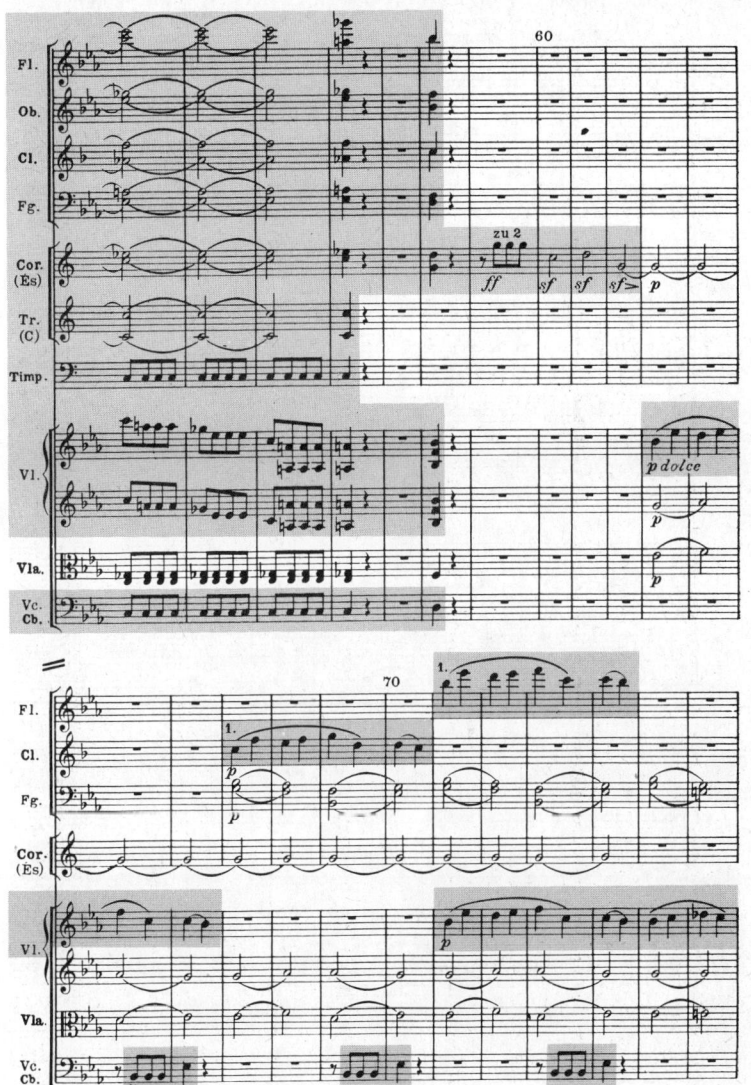

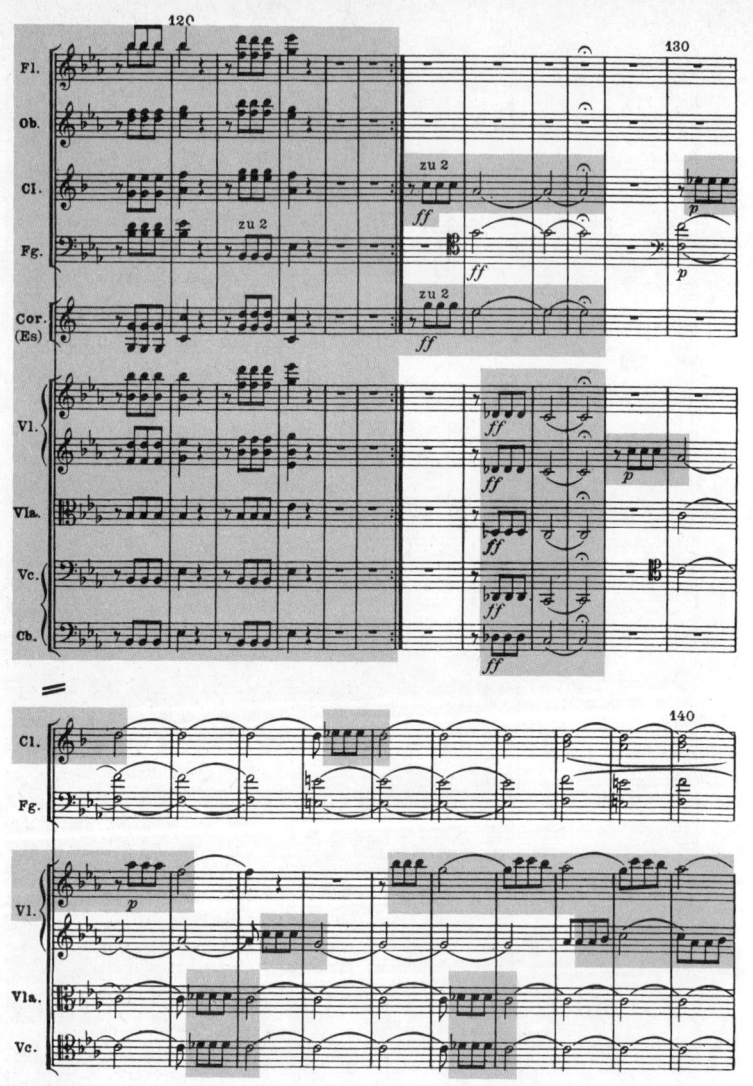

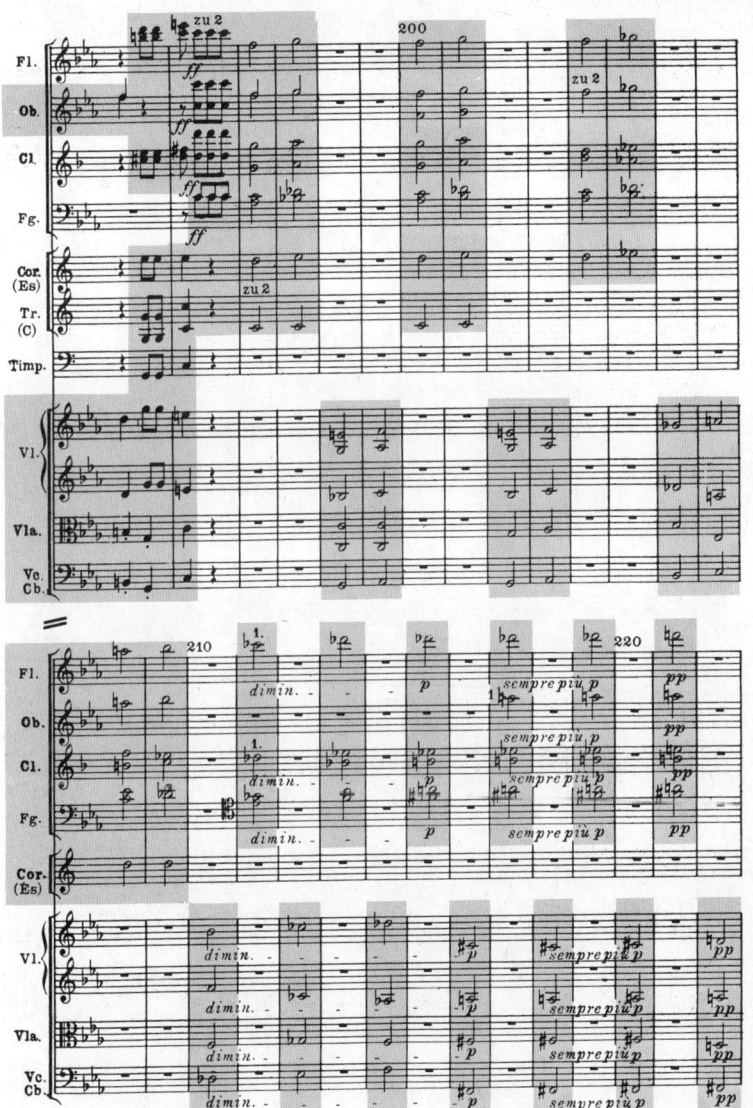

Johannes Brahms: Sinfonie Nr. 4 in e-Moll,
Auszug aus dem I. Satz

Werk: Brahms hat nur vier Sinfonien geschrieben, die vierte, seine letzte, entstand in den Sommern 1884 und 1885. Während Beethoven in seiner letzten Sinfonie formal und im Ausdruck weit über die früheren hinausgegangen ist, kann man die vierte Sinfonie von Brahms eher durch eine Konzentration der Klangmittel, durch Rückgriff auf stilistisch aus früheren Epochen der Musik stammende Ausdrucksmittel kennzeichnen, also weniger eine vorwärtsdrängende musikalische Entwicklung feststellen als eher ein reifes Zusammenfassen bisheriger Stilmittel. Der erste Satz ist durch elegisch-romantischen Charakter geprägt, weshalb die Sinfonie gelegentlich die »Elegische« genannt wird. Der zweite Satz greift in seiner Melodik auf eine mittelalterliche Klangwelt, auf die der Kirchentonarten, zurück. Der vierte Satz der Sinfonie steht in seinem formalen Aufbau einmalig da: In 30 achttaktigen Variationen wird ein sehr einfaches Thema nach dem Vorbild der Chaconne in stets neuer Klanggestalt vorgetragen.

Besetzung: Die Sinfonien von Brahms folgen dem Besetzungsschema, das schon zur Zeit der Wiener Klassik entwickelt wurde: zweifaches Holz, dazu vier Hörner, zwei Trompeten, drei Posaunen und Pauken. Hinzu kommt mit Ausnahme der zweiten Sinfonie ein Kontrafagott, in der vierten Sinfonie schließlich noch ein Triangel und eine Piccoloflöte. Eine solche Besetzung muß am Ende des 19. Jahrhunderts als konservativ bezeichnet werden, ein Merkmal, das für die Musik von Brahms generell gilt, aber mit zunehmendem historischen Abstand an Bedeutung verliert und keinesfalls Gegenstand einer Wertung sein kann. Bei den Holzblasinstrumenten und dem Kontrafagott transponieren neben der Piccoloflöte die beiden Klarinetten in A, sie klingen eine kleine Terz tiefer als notiert. Als Hörner benutzt Brahms nach wie vor die ventillosen Hörner, im ersten Satz sind es zwei in E – eine kleine Sexte nach unten transponierend – und zwei in C – eine Oktave nach unten transponierend. Durch die Kombination von zwei Hörnerpaaren verschiedener Stimmungen können die Beschränkungen der Naturinstrumente geschickt teilweise überwunden werden.

Hinweise zum Mitlesen siehe S. 89 ff.

Richard Wagner: Vorspiel zu *Tristan und Isolde*

Werk: Das Musikdrama *Tristan und Isolde* von Richard Wagner ist eines der ganz wenigen Schlüsselwerke der Musikgeschichte, das gleichzeitig das Ende einer Stilepoche markiert und zukünftige Entwicklungen einleitet. Dies in wenigen Sätzen zu begründen, ist eigentlich nicht möglich. Wagner hat die Prinzipien früheren Opernschaffens radikal verändert: sein Musikdrama ist nicht mehr die in Arien, Chöre, Rezitative und andere Einzelsätze unterteilte sogenannte Nummernoper, sondern durchkomponierter musikalischer Fluß, in dem das Orchester, statt die Sänger nur zu begleiten, neben der äußeren Dramatik vor allem Ausdruck sublimster und heftigster Empfindungen ist; diese Entwicklung wird im *Tristan* zu einem Höhepunkt geführt. Wagner kennzeichnet den *Tristan* selbst so: er spricht von den *rastlos auftauchenden, sich entwikkelnden, verbindenden, trennenden, dann neu sich verschmelzenden, endlich sich bekämpfenden, sich umschlingenden, gegenseitig fast sich verschlingenden Motiven, welche um ihres bedeutenden Ausdrucks willen der ausführlichsten Harmonisation wie der selbständigst bewegten orchestralen Behandlung bedurften* [. . .]. Was Wagner beschreibt, versucht die Analyse des Anfangs S. 89 ff. zu dokumentieren. Das Vorspiel gibt »innerster Seelenbewegung« Ausdruck, Wagner erläutert es folgendermaßen: *Tristan führt, als Brautwerber, Isolde seinem Könige und Oheim zu. Beide lieben sich. Von der schüchternsten Klage des unstillbarsten Verlangens, vom zartesten Erbeben bis zum furchtbarsten Ausdruck des Bekenntnisses hoffnungsloser Liebe durchschreitet die Empfindung alle Phasen des sieglosen Kampfes gegen die innere Glut, bis sie, ohnmächtig in sich zurücksinkend, wie im Tod zu erlöschen scheint* [. . .]. So ist das Vorspiel in seinem Gesamtverlauf durch eine gewaltige Steigerung bis zum 83. Takt bestimmt, um danach in 28 Takten wieder zur vollständigen Stille zurückzukehren.

Besetzung: Die Orchesterbesetzung stellt ein vollkommenes Gleichgewicht zwischen Holz- und Blechbläsern sowie den Streichern dar, Vorbedingung für die unglaublich subtile Behandlung des Orchesters durch Wagner. Die Holzblasinstrumente sind je dreifach besetzt, die zwei Oboen werden durch das Englisch Horn in der tiefen Lage ergänzt (es klingt eine Quinte tiefer als notiert), die Klarinetten durch die Baßklarinette. Letztere ist im Violinschlüssel notiert, klingt also eine Oktave und eine kleine Terz tiefer als notiert. Wie Brahms verwendet auch Wagner die ventillosen Naturhörner in zwei verschiedenen Stimmungen, um einen größeren Tonvorrat zur Verfügung zu haben. Die Trompeten in F klingen eine Quarte höher als notiert. Die drei Posaunen werden in der

Tiefe durch die Baßtuba klanglich vervollständigt. Die vorgeschriebene Harfe pausiert im Vorspiel.

Hinweise zum Mitlesen siehe S. 89ff.

— 214 —

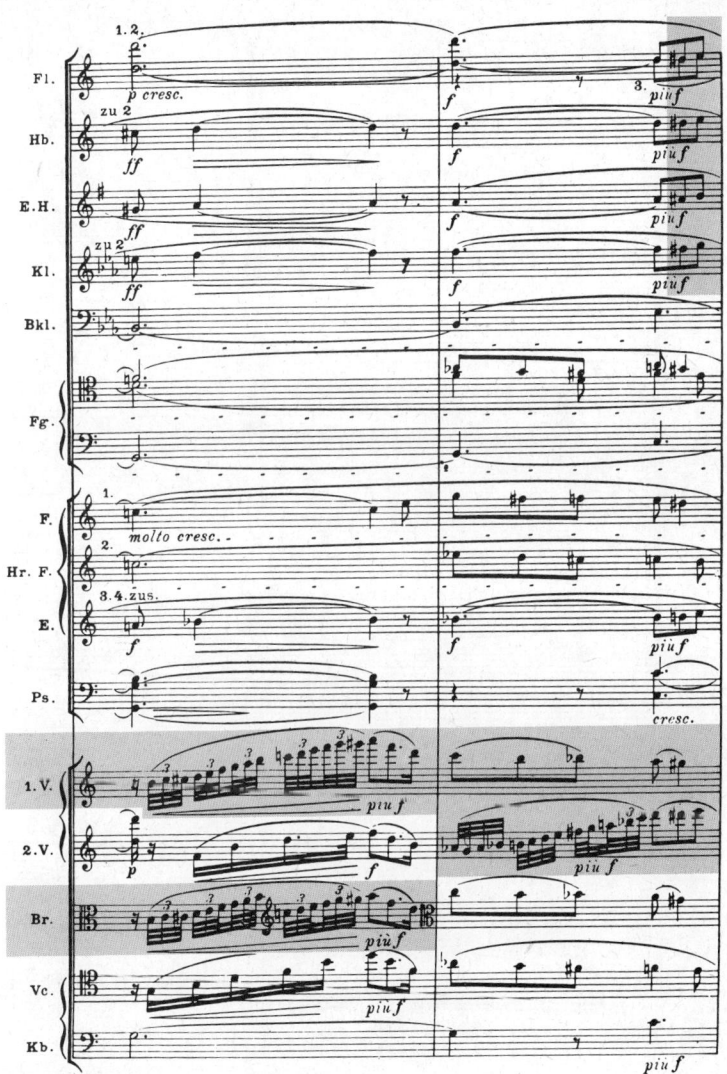

allmählich im Zeitmaß etwas zurückhaltend
poco a poco ritenuto

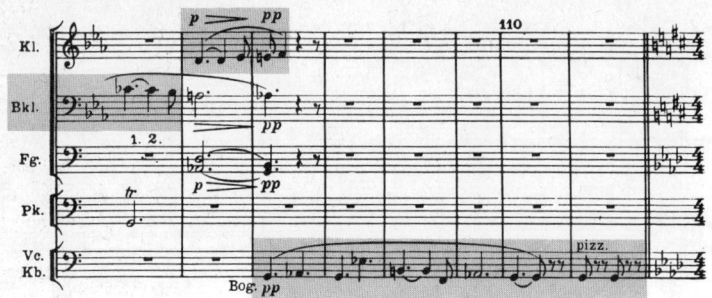

Igor Strawinsky: *Der Feuervogel*, Ballett-Suite 1945, Auszug

Werk: Strawinsky kann heute zu den »Klassikern des 20. Jahrhunderts« gezählt werden, dessen musikalische Entwicklung er in den ersten Jahrzehnten ganz wesentlich geprägt hat. Strawinsky nennt sein *Feuervogel*-Ballett ein »choreografisches Märchen« nach Motiven eines russischen Volksmärchens; es wurde 1910 abgeschlossen. Aus der Ballettmusik fertigte Strawinsky 1911 eine Orchesterfassung zur konzertanten Aufführung, die er 1919 und nochmals 1945 überarbeitete; hier ist ein Auszug aus der Fassung von 1945 abgedruckt. Die *Feuervogel*-Suite gehört zweifellos zu Strawinskys populärsten Kompositionen. Stilistisch ist sie ein typisches Werk der Zeit nach der Jahrhundertwende, einer Übergangszeit, in der – wie in dieser Komposition – vielerlei musikalische Einflüsse zusammenwirken. Einerseits ist in der *Feuervogel*-Suite der Einfluß der russischen Komponisten Rimski-Korsakow und Mussorgsky, andererseits französischer Impressionismus zu hören; dazu kommt ein prägendes slawisches Element mitreißender Rhythmen. Die *Introduction* malt einen blühenden Zaubergarten. Darauf folgt der Tanz des Feuervogels mit der Anbetung des Vogels als Höhepunkt.

Besetzung: Das Orchester ist in Streich- und Blasinstrumenten konventionell besetzt – zweifaches Holz, vier Hörner, zwei Trompeten sowie drei Posaunen mit Baßtuba –, zeigt aber bei den Schlaginstrumentern eine Erweiterung des Instrumentariums, die teilweise erst bei den hier nicht mehr abgedruckten Sätzen wirksam wird: Kleine und Große Trommel, Becken, Triangel, Tamburin, Xylophon, dazu Klavier und Harfe.
Transponierende Instrumente sind die beiden Klarinetten in A und die Hörner in F. Ein Blick auf die Vorzeichen am Anfang der Partitur zeigt, daß die Instrumente nicht in einer einheitlichen Tonart spielen; eine Gruppe – Streicher, Posaunen, Fagotte und Klarinetten – hat die Vorzeichnung für as-Moll, die Klarinetten das enharmonisch entsprechende gis-Moll; Flöten, Oboen, Klavier und Harfe haben keine Vorzeichen, also C-Dur oder a-Moll; Trompeten und Hörner sind ohnehin stets ohne Vorzeichen notiert.

Introduction

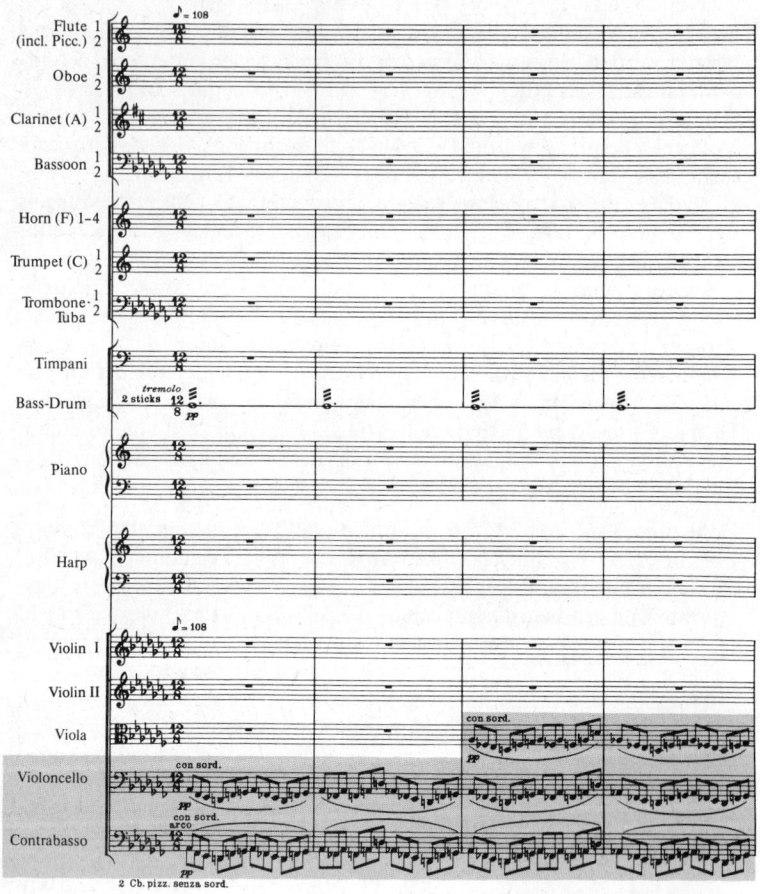

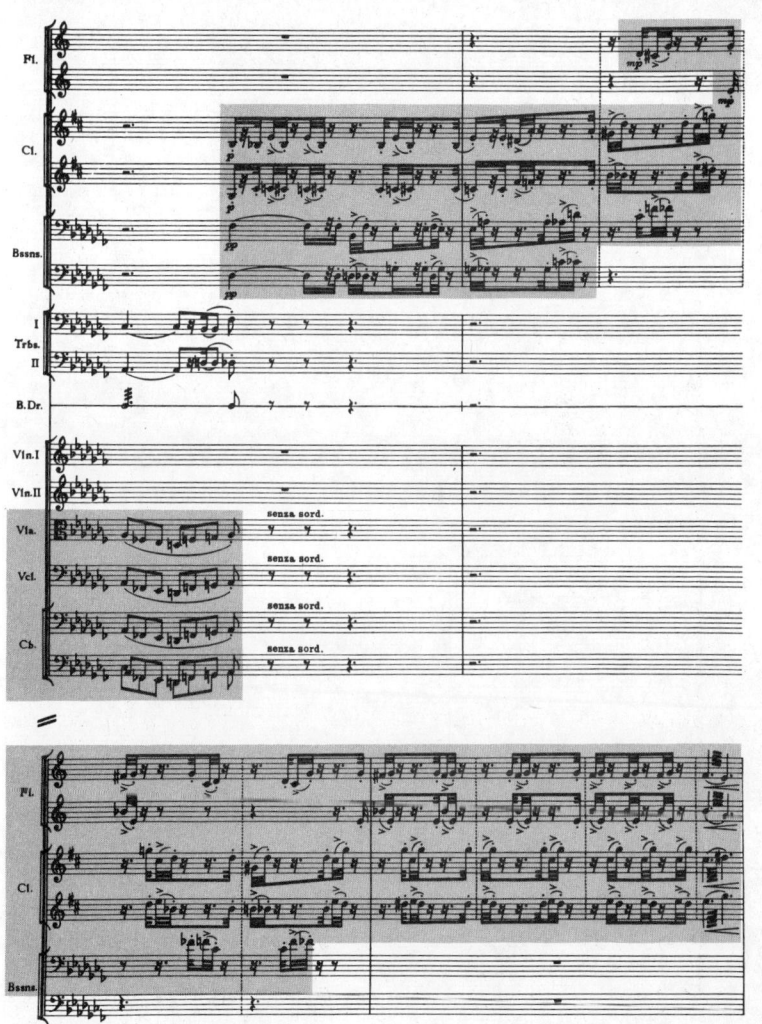

1b. Prelude and Dance of the Firebird

1c. Variations (Firebird)

Empfehlungen zum weiteren Üben

1. Verfolgen einer Einzelstimme aus der Partitur:

Vokalstimme:

Arien aus den Kantaten und Passionen sowie dem Weihnachtsoratorium von Johann Sebastian Bach

Arien aus Joseph Haydns Oratorien *Die Jahreszeiten* und *Die Schöpfung*

Orchesterlieder von Richard Strauss (*Vier letzte Lieder*) und Gustav Mahler (*Lieder eines fahrenden Gesellen, Kindertotenlieder, Sieben Lieder aus letzter Zeit*)

Instrumentalstimme:

Violinkonzerte von Johann Sebastian Bach, Wolfgang Amadeus Mozart, Ludwig van Beethoven, Felix Mendelssohn Bartholdy und Johannes Brahms

Klavierkonzerte von Wolfgang Amadeus Mozart, Ludwig van Beethoven, Robert Schumann, Edvard Grieg und Johannes Brahms

2. Verfolgen von Partituren mit geringer Stimmenzahl:

Kammermusik:

Streichquartette von Wolfgang Amadeus Mozart, Joseph Haydn, Ludwig van Beethoven, Franz Schubert, Antonín Dvořák und Béla Bartók

Bläserserenaden von Wolfgang Amadeus Mozart

Orchesterwerke mit kleiner Besetzung:

Concerti grossi von Georg Friedrich Händel und Arcangelo Corelli

Orchestersuiten von Johann Sebastian Bach

Frühe Sinfonien von Wolfgang Amadeus Mozart und Joseph Haydn

3. Verfolgen von Partituren mit mittelgroßer Besetzung:

Mittlere und späte Sinfonien von Wolfgang Amadeus Mozart (KV 385, 425, 504, 543, 550, 551), Joseph Haydn (Nr. 93 bis 104, »Londoner«), Ludwig van Beethoven, Robert Schumann, Johannes Brahms

4. Verfolgen von Partituren mit großer Besetzung:

    Sinfonische Dichtungen von Richard Strauss

    Sinfonien von Anton Bruckner und Gustav Mahler

    Bilder einer Ausstellung von Modest Mussorgsky, instrumentiert von Maurice Ravel

    Orchesterwerke von Claude Debussy

    Ballettmusiken von Igor Strawinsky

Die genannten Werke können nur als kleine und durchaus auch subjektive Auswahl aus der Vielzahl möglicher Werke angesehen werden.

7. Orchester und Dirigent

Der Begriff Orchester wird heute für eine größere Gruppe von Musikern benutzt; in der Regel werden die Streicherstimmen Violine I und II, Viola, Violoncello und Kontrabaß »chorisch«, d. h. mit mehreren Spielern, die den gleichen Part ausführen, besetzt; die Bläserstimmen sind solistisch. Der Gegenbegriff zur Musik für Orchester ist Kammermusik, hier werden alle Stimmen nur von je einem Instrument gespielt. Die beiden Begriffe werden indes nicht konsequent verwendet. Zum einen sagt man zu einem kleinen, aber im Sinne der gegebenen Definition »richtigen« Orchester meist Kammerorchester, zum anderen werden Werke mit mehr als etwa 10 bis 15 Stimmen auch ohne chorische Besetzung oft als Orchesterwerke bezeichnet. Der Begriff Kapelle ist heute auf Blaskapellen und Tanzmusikkapellen zurückgedrängt. Einstmals war die Kapelle der zu einer kirchlichen Institution gehörende Chor; der Begriff »a cappella« für einen Chor ohne Instrumente geht darauf zurück. Seit dem 16. Jahrhundert ging das Wort Kapelle auch auf die Instrumentalisten bei Hofe über, die also die Hofkapelle bildeten.

Die Entstehung des Begriffs Orchester

Ensemble und Begriff »Orchester« im heutigen Sinne gibt es seit etwa 1750. »Orchestra« hieß ursprünglich der halbrunde Tanzplatz des Chores vor der »Szene«, d. h. der »Bühne« des griechischen Theaters. Die Oper, deren Entstehung eng mit dem Wunsch, das antike Drama und dessen Wirkung auf die Zuhörer wieder erstehen zu lassen, verbunden ist, hat den Musikern im 17. und 18. Jahrhundert ein abgegrenztes Halbrund vor der Bühne zugewiesen, dieser Platz hieß wie in der Antike »Orchester« (Abb. 42, S. 252/253). Erst um die Mitte des 18. Jahrhunderts ging der Name dieses Platzes auf den Klangkörper über. Im Grunde ist der Begriff, der die Gesamtheit der Musiker als Einheit, als Ganzes, eben als Klangkörper charakterisiert, auch erst seit dieser Zeit angemessen. Davor ist die Einzelstimme, der Einzelmusiker wichtiger als die Vereinigung zu einem Ganzen. In der Renaissance, also vor 1600, gab es bei Instrumentalmusik keine chorische Besetzung. Wenn eine Stimme einmal mehrfach besetzt wurde, dann mit verschiedenen Instrumenten. Das improvisierte Auszieren der Stimmen, eine der Eigenarten der Musik bis um 1750, ist auch bei chorischer Besetzung nicht möglich. Mit der Entstehung des Orchesters verbunden ist also der Verzicht der Musiker auf improvisatorische Auszierung der Noten, ein Verzicht auf schöpferisches Mitgestalten. Im Laufe der weiteren Entwicklung werden die Musiker zunehmend auf die bloße Ausführung eines immer genauer vorgeschriebenen Notentextes verwiesen. Eine Gegenreaktion darauf ist das sehr starke improvisatorische Element in der neuesten Musik. Eine weitere Tatsache, die die Verwendung des Begriffs Orchester im Hinblick auf die Musik aus der Zeit vor 1750 nur schwer zuläßt, ist die Zufälligkeit der jeweiligen Besetzung. Die örtlichen Möglichkeiten, oft genug durch äußere Umstände beschränkt, haben damals für große Freizügigkeit in der Wahl der Instrumente gesorgt. Bei einem Orchesterwerk im heutigen Sinne kann aber nicht eine Flötenstimme durch ein anderes Instrument übernommen werden. So gehört zum Begriff des Orchesters nicht nur die chorische Besetzung der Streicherstimmen, sondern auch eine von Zufälligkeiten freie, nicht austauschbare Besetzung und die genaue Festlegung aller kompositorischen Details, weiterhin ein erhebliches Maß an Spieldisziplin der Musiker und an Unterordnung unter die Angaben des Komponisten und des Dirigenten.

Waren größere Musiziergruppen noch bis in die Mitte des 17. Jahrhunderts von der Vielfalt der Blasinstrumente der Renaissance beherrscht, so übernehmen danach sehr rasch die Streichinstrumente den ersten Platz, jetzt schon im allgemeinen in chorischer Besetzung. Aber noch heißen z. B. die Musiker am französischen Königshof »die 24 Violinisten des Königs«, noch werden sie als Einzelspieler, nicht als Ganzes betrachtet. Zu diesem Streicherensemble treten in Frankreich immer zwei Oboen und ein Fagott hinzu, die den Ausgangspunkt für die Bläserbesetzung im Orchester bilden. Dieses Bläsertrio verstärkte die Außenstimmen, hatte aber auch solistische Aufgaben, z. B. beim Menuett, das 1653 von König Ludwig XIV. zum ersten Mal getanzt worden sein soll. Noch die Sinfonien des 19. Jahrhunderts lassen in ihrem zum Menuett bzw. Scherzo gehörenden Trio diese Besetzung erkennen. Neben dem Typ des französischen Streichorchesters gab es das italienische mit der normativen Einteilung in zwei Violinstimmen (Violine I und II), die Violastimme und die von Violoncelli und nach unten oktavierenden Kontrabässen ausgeführte Baßstimme; diese Einteilung entspricht also der in der Folgezeit üblichen Besetzung. Das französische Streichorchester hatte demgegenüber bis ins 18. Jahrhundert noch eine zusätzliche Bratschenstimme.

42. Bühne und Orchester in der Hofoper des Barock

Die Besetzungsstärke

Die Entwicklung der Partitur (siehe S. 44 ff.) entspricht der Entwicklung des Instrumentariums, das überhaupt in das Orchester einbezogen ist. Es gab und gibt aber zahlreiche Instrumente, die »den Sprung ins Orchester« nie getan haben, oder nur ausnahmsweise in der Partitur vorgeschrieben sind. Dazu gehören z. B. Saxophone, Bassetthorn, Altklarinette, Tenoroboe, Altflöte, aber auch so verbreitete Instrumente wie Klavier, Orgel und Gitarre.

Die Partitur besagt nichts über die Besetzungsstärke, d. h. darüber, wie viele Instrumente bei den chorisch besetzten Streicherstimmen jeweils spielen sollen. Wie die nebenstehende Tabelle zeigt, kann die Stärke der Streicher bei einem großen Orchester etwa dreimal größer als bei einem kleinen Orchester sein. Einer großen Besetzung der Streicher steht eine größere Bläserbesetzung gegenüber. Da alle Bläserstimmen jeweils nur von einem Spieler ausgeführt werden, kann man aus der Anzahl z. B. der Flötisten eines Orchesters darauf schließen, wie viele Flötenstimmen in einem umfangreich instrumentierten Werk mit den eigenen Orchestermitgliedern besetzt werden können, ohne daß »Aushilfen« engagiert werden müssen. Auch ein kleineres Orchester kann für ein Konzert z. B. durch Aushilfen auf die doch respektable Besetzung der Streicherstimmen von 16 Violinen I, 14 Violinen II, 12 Bratschen, 10 Violoncelli und 8 Kontrabässen kommen; das entspricht 8/7/6/5/4 Pulten mit je zwei Spielern.

Die folgende Tabelle zeigt die Größenordnung der heutigen Kulturorchester. Große Orchester spielen natürlich nicht bei jedem Konzert oder in jeder Opernaufführung mit allen Musikern. Die umfangreichen Aufgaben eines Sinfonie- und Opernorchesters und die tariflich geregelte Zahl der »Dienste« der Musiker macht eine größere Orchesterstärke notwendig, als eine Durchschnittsbesetzung fordert. So kann ein großes Orchester in vielen Fällen in zwei alternativen Besetzungen sich z. B. täglich im Opernhaus abwechseln. Damit muß die Konzertmeisterstelle z. B. durch koordinierte Konzertmeister doppelt besetzt sein.

Es gab wohl zu allen Zeiten kleine und große Orchester. Dennoch kann man feststellen, daß die Besetzungsstärke von der Barockzeit bis heute im Durchschnitt ständig gewachsen ist. Das Gewandhaus-Orchester in Dresden, das seit 200 Jahren besteht und heute eines der größten Orchester der Welt ist, erhöhte die Zahl der Orchestermitglieder zwischen 1781 und 1960 von 31 auf 155; das Orchester der Stuttgarter Hofoper hatte 1757 31 Mitglieder, 1960 verfügte das Württembergische Staatstheater über 84 Orchester-Mitglieder. Dieses Wachstum hat einerseits musikalisch-stilistische Gründe: Zur Klangdifferenzierung wurden die Holz- und Blech-

Besetzung	großes Orchester	mittleres Orchester	kleines Orchester
Violine I	16–24	12–14	8–10
Violine II	14–20	10–12	6–8
Viola	12–16	8–10	4–6
Violoncello	10–14	6–8	4–6
Kontrabaß	8–10	5–6	3–4
Flöten	5	3–4	3
Oboen	5	3–4	2
Klarinetten	5	3–4	3
Fagotte	5	3	2
Hörner	8	4–5	4
Trompeten	5	3	3
Posaunen	4	3	3
Tuba	1	1	1
Pauken, Schlagzg.	5	4	2–3
Harfen	2	1	1
zusammen	105–128	69–82	49–59

bläsergruppen immer weiter ausgebaut, zur Wahrung des Gleichgewichts mußte auch die Zahl der Streicher entsprechend erhöht werden. Andererseits hat sich die Größe der Aufführungsräume in den letzten 200 Jahren vervielfacht, der intimen Hofoper des 18. Jahrhunderts steht das große Opernhaus des 20. Jahrhunderts gegenüber, dem Festsaal des Schlosses die zum Teil riesigen Konzertsäle unserer Zeit. Um eine nur annähernd vergleichbare Lautstärke des Orchesters in einem großen Saal zu erhalten, muß das Orchester aber ganz erheblich verstärkt werden. Man kann davon ausgehen, daß die kleinen historischen Besetzungen in den Sälen ihrer Zeit eher lauter geklungen haben als unsere großen Orchester in den modernen großen Konzertsälen.

In der Barockzeit fällt zunächst die sehr starke Generalbaßgruppe auf: Cembalo oder Orgel sowie Gambe oder Violoncello, dazu oft noch Kontrabaß, ein oder mehrere Fagotte, Baßlaute (Theorbe) oder Harfe, in der Oper ein zweites Cembalo. Die Violinen waren mit 2 bis 4 Spielern je Stimme besetzt. J. S. Bach wünschte sich für seine Kirchenmusik 1730 2 bis 3 erste und zweite Violinen, 4 Bratschen, 2 Violoncelli und einen Kontrabaß, dazu je 2 Flöten, Oboen und Fagotte sowie 3 Trompeten und ein Paar Pauken. Allerdings gibt es auch Berichte über Aufführungen mit großer Besetzung; Corelli soll seine Werke mit sehr großen Orchestern aufgeführt haben. Die Londoner Händelfeste ab 1785, besonders aber die durch die französische Revolution initiierten Massenkonzerte sind Ausnahmen. 1791 wurde ein Freiluft-Konzert mit 1200 Blasinstrumenten auf dem Pariser Marsfeld gegeben.

Der stilistische Wandel der Musik nach 1750, der zum Orchester der Wiener Klassik mit seiner doppelten Holzbläserbesetzung führt, macht sich in der Orchesterbesetzung durch Verstärkung der hohen und Reduzierung der tiefen Streicherstimmen bemerkbar. Als beispielhaft galt das Mannheimer Hoforchester, das 1756 je 10 erste und zweite Violinen, aber nur 4 Violoncelli und 2 Kontrabässe hatte. Haydn, Mozart und Beethoven konnten im allgemeinen mit Orchestern rechnen, wie sie z. B. das Burgtheater in Wien 1781 hatte: je 6 erste und zweite Violinen, 4 Bratschen, 3 Violoncelli und 3 Kontrabässe. Bei besonderen Anlässen wurden aber durchaus auch im heutigen Sinne üppige, oft genug aber auch sehr kleine Ensembles zusammengestellt.

Es scheint, daß auch früher größere Besetzungen den kleineren stets vorgezogen wurden, wobei auch die Verdopplung der Bläserstimmen dazugehörte. Letzteres wird heute nur noch sehr selten und nur bei Tuttistellen gemacht. Die personellen Beschränkungen waren sicher früher größer als heute. Mozart berichtete 1781 begeistert von einer Aufführung einer seiner Sinfonien, die mit 40 Violinen, 10 Bratschen, 8 Violoncelli und 10 Kontrabässen besetzt war. Bei einem Konzert anläßlich des Wiener Kongresses standen Beethoven für die Uraufführung seiner 7. Sinfonie je 18 erste und zweite Violinen, 14 Bratschen, 12 Violoncelli und 7 Kontrabässe zur Verfügung; bei der Uraufführung der 9. Sinfonie waren es noch immerhin zusammen 24 Violinen. Dies waren sozusagen Wunschbedingungen. In der italienischen Oper war die Orchesterbesetzung größer als nördlich der Alpen. Abb. 41 zeigt das Hoftheater des Palazzo Reale, des Königspalastes von Neapel im Jahre 1747. Darauf sind allein 10 Kontrabässe zu sehen. (Eine Fülle konzentrierter Informationen über Orchesterbesetzungen, Sitzordnungen usw. sowie weiterführende Literatur bietet die Musik-Enzyklopädie *Die Musik in Geschichte und Gegenwart* [*MGG*] im Artikel *Orchester* in Band 10.)

Heute werden sinfonische Musik und Oper im allgemeinen mit der im 19. Jahrhundert erreichten größeren Besetzung gespielt, soweit es die jeweilige personelle Stärke des Orchesters ermöglicht. Die Sinfonien Haydns und Mozarts – abgesehen von seinen letzten drei Sinfonien – werden mit reduzierter Anzahl von Streichern aufgeführt; auch wenn mehr Musiker zur Verfügung stehen, spielen meist nur je 8 bis 10 Violinen, also die in der Tabelle genannte kleine Besetzung.

Die Sitzordnung

Kern des Barockorchesters ist die Generalbaßgruppe, die in der Mitte der Bühne ihren Platz hat. Um sie herum versammeln sich die anderen Musiker. An einheitliche Sitzordnungen, wie sie heute bei den Sinfonieorchestern üblich sind, ist im 18. Jahrhundert noch nicht gedacht worden. Verbreitet war die Trennung von Streichern und Bläsern in zwei Gruppen links und rechts der Generalbaßgruppe, eine Gewohnheit, die sich im Opernorchester noch vielfach bis ins 19. Jahrhundert gehalten hat.

1775 führt Johann Friedrich Reichardt in Berlin die Anordnung ein, die bis 1945 vor allem in Deutschland vorherrschend bleibt. Violine I und II sitzen sich gegenüber, links und rechts des Dirigenten, vor dem Dirigenten die Violoncelli, links davon die Kontrabässe, rechts die Bratschen. Dahinter sitzen die Holzbläser über die ganze Breite des Orchesters verteilt, dahinter die Blechbläser mit Pauken und Schlagzeug. Diese Sitzordnung (Abb. 43, 44a, S. 258) wird als »deutsch« oder »klassisch« bezeichnet. Bei kleineren Besetzungen werden die Blechbläser in die Sitzgruppe der Holzbläser integriert (Abb. 43).

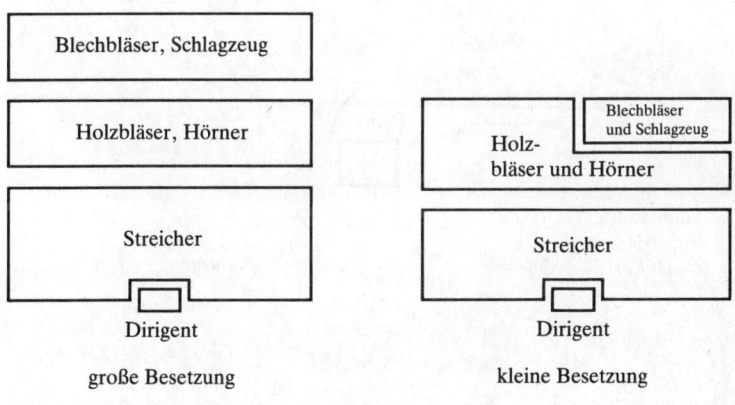

große Besetzung   kleine Besetzung

43. Sitzordnung von Streichern und Bläsern im Orchester

Nach 1945 übernahmen auch in Deutschland die meisten Orchester die »amerikanische« Sitzordnung, mit der Gegenüberstellung von Violine I und Violoncello (Abb. 44b). Sie wurde erstmals von Leopold Stokowski angewandt; diese Anordnung entspricht der Sitzweise des Streichquar-

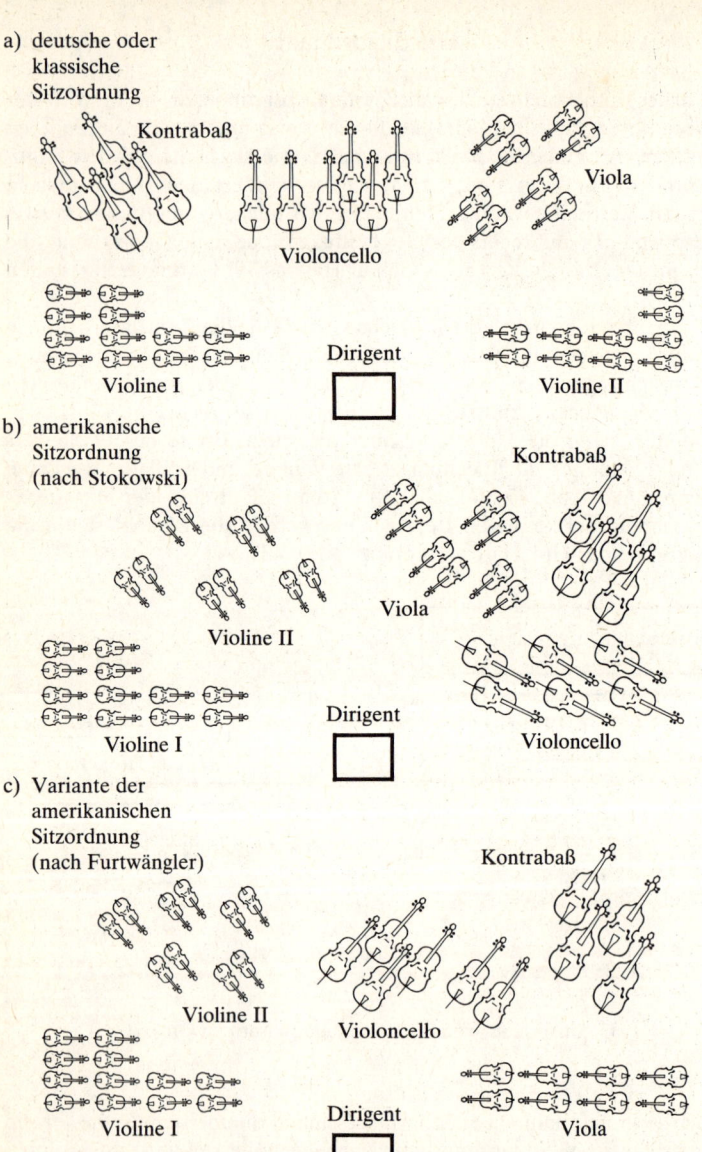

a) deutsche oder
   klassische
   Sitzordnung

Kontrabaß

Viola

Violoncello

Violine I

Dirigent

Violine II

b) amerikanische
   Sitzordnung
   (nach Stokowski)

Kontrabaß

Viola

Violine II

Violine I

Dirigent

Violoncello

c) Variante der
   amerikanischen
   Sitzordnung
   (nach Furtwängler)

Kontrabaß

Violine II

Violoncello

Violine I

Dirigent

Viola

44. Sitzordnungen der Streicher im Orchester

tetts. Eine Variante der amerikanischen Sitzordnung hat Wilhelm Furtwängler bei den Berliner Philharmonikern eingeführt; auch sie wurde von anderen Orchestern übernommen. Dabei tauschen Violoncelli und Bratschen die Plätze (Abb. 44c).

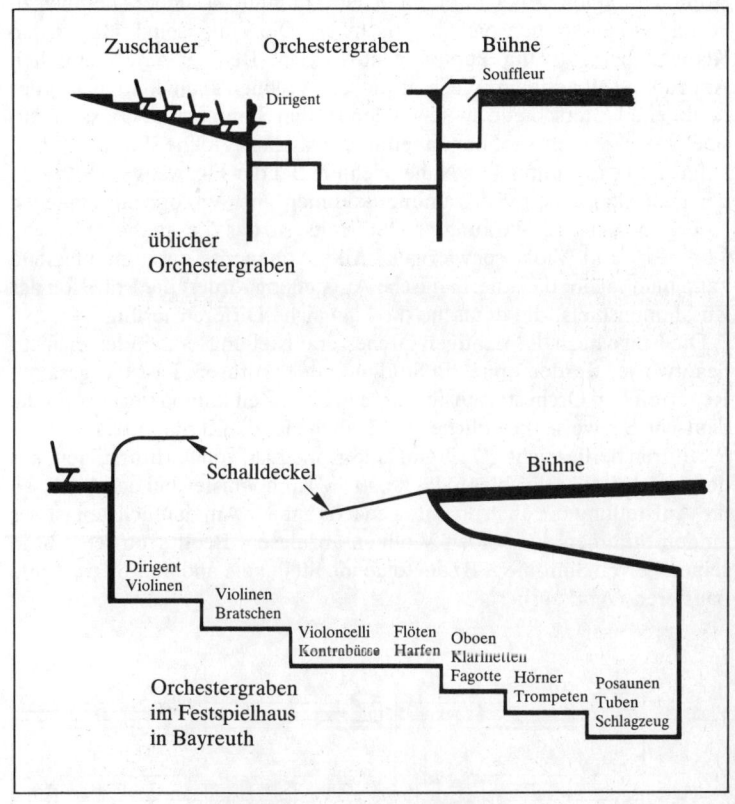

45. Orchestergraben im Opernhaus

Das Opernorchester spielt im sogenannten Orchestergraben vor der Bühne. Im Gegensatz zum Konzertpodium ist hier wenig Platz. Abb. 45 zeigt einen üblichen Orchestergraben sowie den Graben des Bayreuther Festspielhauses, der nach Richard Wagners Angaben gebaut wurde. Das Orchester ist in Bayreuth völlig unsichtbar, sonst ist es immerhin von den Logen- und Rangplätzen aus einzusehen. Die Sitzordnung ist im Opernorchester nicht einheitlich.

Raumeffekte

Jede der Sitzordnungen des Sinfonieorchesters hat Vor- und Nachteile: Bei der deutschen Anordnung ist das Wechselspiel von ersten und zweiten Violinen wegen der räumlichen Trennung besonders deutlich zu hören, das Zusammenspiel aber erschwert. Die Violoncelli können ihren Klang dabei gut zum Publikum abstrahlen. Bei der amerikanischen Anordnung gibt es beim Wechselspiel der Violinen kaum klangliche oder räumliche Unterschiede zwischen den beiden Stimmen, das Zusammenspiel zwischen den Violinen, aber auch zwischen Violine II und Viola ist aufgrund ihrer räumlichen Nähe leichter. Bei der Furtwängler-Variante der amerikanischen Sitzordnung kommen die Violoncelli klanglich jedoch besser zur Wirkung, andererseits ist das Zusammenspiel von Violine II und Viola schwieriger. Alle Argumente zusammenfassend kann man sagen: die amerikanische Aufstellung fördert die Präzision des Zusammenspiels, die deutsche die klangliche Differenzierung.

Die Frage nach der richtigen Orchesteraufstellung kann indessen nicht beantwortet werden ohne ein Studium der Partituren. Fast das gesamte Repertoire an Orchestermusik wurde in einer Zeit komponiert, in der die deutsche Sitzweise die übliche war. Haben dies die Komponisten in ihren Partituren berücksichtigt? Es gibt eine große Zahl von Partiturstellen, aus denen sich eindeutig ablesen läßt, daß die Komponisten bei der Arbeit an die Aufstellung der Instrumente gedacht haben. Am deutlichsten ist das an den Stimmen der beiden Violinen abzulesen. Beethoven schreibt in seiner vierten Sinfonie z.B. die folgende Stelle; die anderen Instrumente pausieren (Abb. 46):

46. Räumliche Konzeption der Violinstimmen
(Ludwig van Beethoven: 4. Sinfonie)

Wäre es für das Orchester nicht einfacher, diese Passage so zu spielen?

Natürlich wäre es einfacher. Nun wollte Beethoven mit der Wiederholung der Figur offensichtlich ein räumliches Hin-und-Her verbinden. Dieser Raumeffekt kommt aber nur bei der deutschen Sitzordnung zur Wirkung. Der Komposition wird also die amerikanische Anordnung nicht gerecht. Ein weiteres, sehr eindrucksvolles Partiturbeispiel findet sich neben vielen ähnlichen in Tschaikowskys sechster Sinfonie. Im letzten Satz gibt es das Hauptthema in zwei Versionen, die sich nicht nach Noten, sondern nach ihrer räumlichen Konzeption unterscheiden. Dabei muß bedacht werden, daß das Gehör bei klangfarblich ähnlichen Tönen die jeweils höchsten Töne zu einer Melodie zusammensetzt. Diese Töne sind in Abb. 47 oben gekennzeichnet. Die Melodie wandert tonweise zwischen Violine I und II hin und her; sie schwingt durch den Raum wie eine Schaukel. So beginnt der letzte Satz. Im weiteren Verlauf erscheint die Melodie auch in der Version wie in Abb. 47 (S. 262) unten gezeigt ist. Die Melodie schwingt nicht mehr, sondern bleibt räumlich fixiert. Sollte dieser Effekt von Tschaikowsky nur zufällig niedergeschrieben worden sein? Fordert er nicht unanfechtbar die deutsche Orchesteraufstellung? Die beiden Stimmen von Viola und Violoncello sind auf dieselbe Weise räumlich ineinander verschränkt.

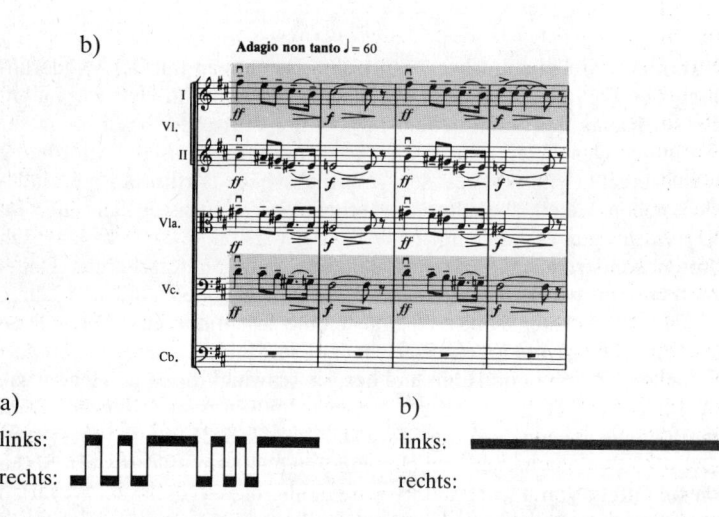

47. Räumliche Konzeption der Violinstimmen
(Peter Iljitsch Tschaikowsky: Sinfonie Nr. 6)

Die Leitung des Orchesters

Immer wenn mehrere Musiker zusammenspielen, muß es Probleme im zeitlichen Miteinander der einzelnen Stimmen geben, aber es gilt auch, die Tonhöhen (Intonation) und die Klangfarbe gegenseitig abzustimmen, was nur durch ständiges Hören aufeinander und An- und Ausgleichen möglich ist. Dabei spielen die akustischen Verhältnisse auf dem Podium bzw. im Studio eine wichtige Rolle; die Decke über dem Orchester muß den Schall der einzelnen Instrumente gut reflektieren. Für die Erarbeitung einer sauberen Intonation in den Proben, das rhythmisch präzise Zusammenspiel und die Schattierung von Klang-Nuancen bedarf es eines Orchesterleiters, da keiner der einzelnen Musiker von seinem Platz aus den Gesamtklang kontrollieren kann, so wie er den Hörer im Publikum erreicht. Auch ein Interpretations-Konzept ist nicht auf »demokratischem« Wege zu erreichen, sondern bedarf der Gesamtverantwortung eines Einzelnen. Und trotzdem ist die Leistung eines großen Orchesters staunenswert: die zeitliche Präzision des Zusammenspiels bleibt bei einem guten Orchester in so engen Grenzen, daß im Durchschnitt nur Abweichungen vom richtigen Zeitpunkt um etwa $\frac{1}{20}$ bis $\frac{1}{30}$ Sekunde üblich sind. Dabei darf nicht übersehen werden, daß gerade auch die geringfügigen Ungenauigkeiten zwischen den einzelnen Spielern den Klangcharakter des Orchesters mitprägen. Sie unterstützen beim Hören den Eindruck der Fülle und Größe, der ja zu einem großen Teil die Faszination des Orchesterklangs ausmacht.

Eine irgendwie geartete Orchester- und Chorleitung hat es bei größeren Musikergruppen wohl zu allen Zeiten gegeben. Genau anzugeben jedoch, ab wie vielen Musikern ein Dirigent notwendig wird, ist natürlich unmöglich. Nicht nur die Zahl der Musiker, sondern auch die Schwierigkeit des Werks und das Können der einzelnen Spieler haben Einfluß hierauf. Im allgemeinen wird Kammermusik ohne, Orchestermusik mit einem Dirigenten geprobt und aufgeführt. Aber auch in der Kammermusik gibt es Werke, die wegen ihrer Schwierigkeit dirigiert werden, z. B. die *Geschichte vom Soldaten* für sieben Instrumente von Igor Strawinsky.

Die Formen der Orchesterleitung haben sich wie die Musik und wie die Notenschrift gewandelt. Im Rückblick mag die Orchesterleitung früherer Zeiten gelegentlich wunderlich, ja lächerlich erscheinen, wie auch die ältere Notenschrift dem heutigen Leser unverständlich ist, falls er sich nicht speziell mit alten Notationsformen beschäftigt hat. Ein solches Urteil ist allerdings falsch: Jede Stilepoche der Musik hatte die ihr gemäße Notenschrift, und die Gewohnheiten der Orchesterleitung entsprachen stets dem Stil der Musik und den Anforderungen an die Aufführungen. Der Berufsdirigent, heute unbestritten Mittelpunkt des Konzertlebens, hat eine Position, die erst im 19. Jahrhundert allmählich entstanden ist, in demselben Jahrhundert, das das Orchester als Klangkörper bis auf den heutigen Tag geprägt und das nach wie vor den größten Teil der aufgeführten Kompositionen geliefert hat.

Im 16. und 17. Jahrhundert hieß der Leiter der Hofmusik Kapellmeister, der Leiter von Orchestern oder Chören im städtischen oder kirchlichen Dienst Musikdirektor. Der Begriff Kapellmeister ist in bestimmten Zusammenhängen zumindest an die Abwertung des Wortes Kapelle im 19. Jahrhundert gebunden (»Kapellmeistermusik«) und durch die Bezeichnung Dirigent ersetzt worden. An Opernhäusern kommt allerdings noch heute in der Hierarchie der 1. Kapellmeister gleich nach dem Generalmusikdirektor. Der Titel Musikdirektor, auch zum Generalmusikdirektor (GMD) gesteigert, wird heute noch von Kommunen, Universitäten und evangelischen Kircheninstitutionen verliehen.

Der musikalische Leiter eines Renaissance-Ensembles markierte durch einfaches Aufheben und Senken der Hand den sogenannten Tactus, die Zeiteinheit der Musik. Er war dabei noch vielfach zugleich ausführender Musiker. Der Kapellmeister oder Musikdirektor im 17. und 18. Jahrhundert leitete das Orchester vom Cembalo aus, auf dem er den Generalbaß spielte. Einen lebendigen Eindruck von der Tätigkeit des Musikdirektors Johann Sebastian Bach gibt ein Bericht aus dem Jahre 1738: *Wenn du diesen sähest, während er nicht nur vollbringt, was mehrere eurer Kitharaspieler und tausend Flötisten vereint nicht zustande brächten, [. . .] sondern auch noch auf alle zugleich achtet, und von 30–40 Musikern den einen durch einen Wink, den andern durch Treten des Taktes, den dritten mit drohendem Finger in Ordnung hält, jenem in hoher, diesem in tiefer, dem dritten in mittlerer Lage seinen Ton angibt, und daß er ganz allein im lautesten Getön der Zusammenwirkenden, obgleich er von allen selbst die schwierigste Aufgabe hat, doch sofort bemerkt, wenn und wo etwas nicht stimmt, alle zusammenhält und überall vorbeugt, und wenn es irgendwo schwankt, die Sicherheit wiederherstellt, wie der Rhythmus ihm in allen Gliedern sitzt, wie er alle Harmonien mit scharfem Ohr erfaßt und alle Stimmen mit dem geringen Umfang der eignen Stimme hervorbringt – ich bin sonst ein großer Verehrer des Altertums, aber ich glaube, daß mein Freund Bach und wer ihm ähnlich sein sollte, viele Männer wie Orpheus und zwanzig Arions in sich schließt.*

Neben der Leitung vom Cembalo aus gab es aber auch damals schon den »nur dirigierenden« Orchester- und Chorleiter, der mit einer Notenrolle oder einem Stock in der Hand den Takt markierte (Abb. 48). Die heutigen Schlagfiguren des Dirigenten wurden im 17. und frühen 18. Jahrhundert in Frankreich entwickelt. Eine im 18. Jahrhundert besonders in Frankreich beklagte Unsitte war das für alle hörbare Taktklopfen mit

48. Niccolo Jommelli, mit der Notenrolle dirigierend (Stich um 1750)

einem Stab auf den Boden. Jean Baptiste Lully, der bedeutendste Komponist am Hofe Ludwigs XIV., hat sich sogar durch sein allzu heftiges Taktstampfen mit dem Stock eine Fußverletzung zugezogen, an deren Folgen er starb. (Dieser Unfall ereignete sich während eines Konzerts, bei dem ausgerechnet die Genesung des Königs von schwerer Krankheit gefeiert wurde.)

Besonders bei der Aufführung italienischer und deutscher Opern im 18. Jahrhundert war die sogenannte Doppeldirektion üblich. Der Kapellmeister am Cembalo wurde dabei in der Leitung der Musiker und Sänger durch den Konzertmeister unterstützt. Dieser spielte als Führer der Violine I nicht nur sein Instrument, sondern gab den Musikern Einsätze und markierte auch mit dem Bogen den Takt. Dazu mußte er sich die Einsätze der anderen Stimmen in seine Violinstimme einzeichnen, die – so ergänzt – Direktionsstimme hieß. Mit dem Ende des Generalbaßzeitalters nach 1750 endet auch allmählich die Praxis der Doppeldirektion. Der Kapellmeister leitete mit der Notenrolle, nach 1800 mit dem »Stock«, dem noch heute üblichen schlanken und verhältnismäßig kurzen Stab, vom Dirigentenpult aus das Orchester. Die ersten bedeutenden Taktstockdirigenten waren noch allesamt Komponisten: Spontini, Spohr, Weber und Mendelssohn. Erst im späteren Verlauf des 19. Jahrhunderts

50. Gustav Mahler nach einer Zeichnung von Hans Böhler

trennten sich die Funktionen von Dirigenten und Komponisten; damit entstand der Stand des Berufsdirigenten. Aber auch noch bis weit ins 19. Jahrhundert hinein haben vielfach die Konzertmeister bei öffentlichen Konzerten das Orchester geleitet. Die Übernahme der Orchesterleitung durch den nur dirigierenden Berufsdirigenten war nicht ohne Widerspruch geblieben: Noch Robert Schumann meinte, das Orchester müsse wie eine Republik dastehen, ohne einen »bestimmenden Höheren«.

Die Dirigiertechnik

Zwei Aufgaben hat der Dirigent mit den sogenannten Schlagfiguren, mit Gestik, Mienenspiel und Körperhaltung zu erfüllen: einmal muß er das exakte Zusammenspiel der Musiker durch zeitlich ordnende Bewegungen sichern, dies geschieht mit den Schlagfiguren. Zum anderen gestaltet

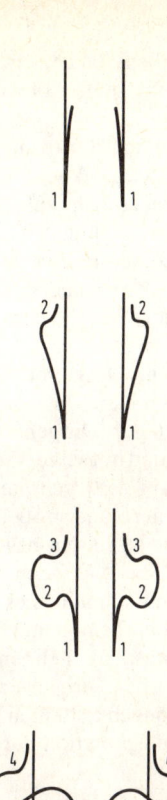

Soll nur die erste Zählzeit in einem Takt, gleich welcher Taktart, markiert werden, so wird »die Eins« durch ein prägnantes Abfedern der Hände angezeigt. Diese Schlagfigur wird bei sehr schnellem Tempo ausgeführt.

Dies ist die Schlagfigur für alle zweiteiligen Taktarten, also $\frac{2}{2}$ und $\frac{2}{4}$ sowie für schnelle $\frac{4}{4}$ und $\frac{6}{8}$, bei denen außer der 1 nur noch die 3 bzw. 4 geschlagen wird.

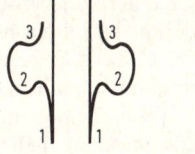

Beim dreiteiligen Takt, also $\frac{3}{4}$, $\frac{3}{8}$ und $\frac{9}{8}$ wird die Aufwärtsbewegung zweimal unterbrochen. Bei schnelleren Tempi beschränkt sich der Dirigent auf die Angabe der 1.

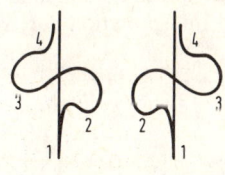

Die Schlagfigur für den $\frac{4}{4}$-Takt in mäßigem Tempo hat anders als der $\frac{3}{4}$-Takt einen leichteren Zwischenakzent auf der 3. Durch die relativ große Bewegung von innen nach außen erhält er die notwendige Prägnanz.

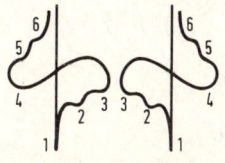

Auch der $\frac{6}{8}$-Takt hat einen leichteren Zwischenakzent, er liegt auf 4. Wie beim $\frac{4}{4}$-Takt wird er durch die Bewegung nach außen deutlich gekennzeichnet.

49. Schlagfiguren für verschiedene Taktarten

er mit seiner Gestik das Tempo, die Dynamik, die Balance von Stimmen und Klangfarben und die Phrasierung. Er versucht, seine Auffassung von der Komposition auf das Orchester zu übertragen.

Die ordnenden Figuren werden hauptsächlich mit der rechten Hand, die auch den Taktstock führt, geschlagen. Der Taktstock vergrößert und verdeutlicht die Bewegungen. Der Dirigent schlägt nicht auf den richtigen Zeitpunkt zu, sondern federt im richtigen Zeitpunkt ab, d. h. er beschleunigt die Bewegung und ändert gleichzeitig die Bewegungsrichtung. Die Taktfiguren können auch von der linken Hand symmetrisch übernommen werden. Die wichtigsten Schlagfiguren in schematischer Darstellung zeigt Abb. 49 (S. 267).

Wie für die ordnenden Bewegungsabläufe beim Dirigieren, so gibt es auch für die Gestaltung gewisse Bewegungsabläufe, die sich exakt beschreiben lassen. Darüber hinaus überträgt der Dirigent aber mit seiner gesamten Körperhaltung und -bewegung und mit seiner Gestik und seinem Mienenspiel seinen Gestaltungswillen auf das Orchester. Schon mit der ordnenden Rechten kann er z. B. kleinere und größere Bewegungsabläufe darstellen, die eine Aufforderung zu leisem bzw. lautem Spiel darstellen. In der Hauptsache formt aber die Linke den musikalischen Ablauf. Das langsame Heben bedeutet ein allmähliches Steigern der Lautstärke, das Senken ein Abnehmen. Neben Tempo und Dynamik gestaltet der Dirigent die Phrasierung, die die musikalischen Sinnzusammenhänge deutlich macht. Bei aller Perfektion der Dirigiertechnik hat hier aber die Ausstrahlung der Dirigentenpersönlichkeit einen kaum zu unterschätzenden Einfluß auf Präzision und Interpretation der Aufführung.

8. Instrumentation und Partiturspiel

Hinweise zur weiteren Beschäftigung mit dem Thema

Instrumentation ist die Zuweisung der Töne, Motive, Themen usw. an die einzelnen Instrumente. So bestimmt die Instrumentation die in der Partitur festgelegten Klangfarben; sie bestimmt aber auch die Klangstärke der einzelnen Elemente einer Komposition. Die Instrumentation ist damit nicht einem nachträglichen Kolorieren eines Kupferstiches vergleichbar; sie ist wesentlicher Bestandteil der Komposition. Lehrbar und lernbar ist sie deshalb auch nur innerhalb eines gewissen »handwerklichen« Rahmens. Aber gerade deshalb zählt sie zu den interessantesten Aspekten einer Partitur. Ziel und Rahmen dieses Buches würden Ausführungen zu diesem Thema weit überschreiten. Deshalb werden dem interessierten Leser im folgenden nur einige Standardwerke zur Instrumentation und zum Partiturspiel genannt und jeweils mit ein paar Sätzen charakterisiert.

Hector Berlioz (1803–1869) hat die Kunst des Instrumentierens zu einem ersten, originell-neuen Höhepunkt entwickelt, indem er die Instrumente in seiner Idee der Programm-Musik zur Charakterisierung von Personen, Stimmungen usw. in einer vorher nicht gekannten Sinnfälligkeit einsetzte. Sein Buch *Die Kunst der Instrumentierung*, 1843 in deutscher Übersetzung, erst 1844 im französischen Original erschienen, hat noch heute Gültigkeit. Meist wird man die von Richard Strauss erweiterte Ausgabe

> Hector Berlioz: *Instrumentationslehre, ergänzt und revidiert von Richard Strauss*, Leipzig 1905 und weitere Auflagen, Peters

benutzen; die zwei Bände des Lehrbuchs sind noch heute im Handel. Die sehr zahlreichen Partiturbeispiele schließen in der Strauss'schen Ausgabe Beispiele von Richard Wagner und Richard Strauss selbst ein; neuere Musik bleibt naturgemäß unberücksichtigt. Das Werk behandelt die einzelnen Orchesterinstrumente nacheinander, wobei auch seltene Instrumente wie z. B. Gitarre, Heckelphon oder die Saxophone in ihren spieltechnischen Möglichkeiten, ihren Klangeigenschaften und ihrer Verwendung im Orchester berücksichtigt sind.

Ein weiteres Standardwerk aus neuerer Zeit, das methodisch ähnlich wie die Instrumentationslehre von Berlioz-Strauss aufgebaut ist, liegt vor in dem in Einzelheften erschienenen Handbuch

> Hans Kunitz: *Die Instrumentation. Ein Hand- und Lehrbuch.* 12 Teile mit zusammen 1579 Seiten und 1908 Partiturbeispielen, Leipzig 1956 1956ff., Breitkopf & Härtel

Die einzelnen Instrumente werden jeweils nach folgendem Schema behandelt: Geschichtliche Entwicklung, technische Struktur, Tonerzeugung und Notierung, Klangcharakter, Klangkombinationen, spieltechnische Möglichkeiten, Einsatz im Orchester. Kunitz' Werk besticht durch die gegenüber anderen Veröffentlichungen außergewöhnliche Fülle der Informationen

Methodisch einen ganz anderen Weg geht das Buch

Hermann Erpf: *Lehrbuch der Instrumentation und Instrumentenkunde*, Mainz 1959, B. Schott's Söhne.

Die Darstellung geht nicht aus vom Instrument, sondern von den einfachen Formen des Orchestersatzes, um allmählich zu komplizierteren Zusammenhängen weiterzuschreiten. Dabei treten die einzelnen Instrumente nach und nach ein; ihre besonderen Spielmöglichkeiten werden ebenfalls erst nach und nach im Zusammenhang mit der Erweiterung der Satztechnik eingeführt (Vorwort). Erpf bespricht nacheinander die Behandlung des Orchesters in den musikgeschichtlichen Epochen von der Vorklassik bis zur Neuen Musik.

Schließlich soll noch auf die verglichen mit den genannten Werken knappe Darstellung verwiesen werden

Heinz Becker: *Geschichte der Instrumentation*, Köln 1964, Arno Volk Verlag Hans Gerig (*Das Musikwerk* Band 24)

Nach einer zusammenfassenden Darstellung der Geschichte der Instrumentation folgen Partiturbeispiele, die die geschichtliche Entwicklung der Instrumentation verdeutlichen.

Das Partiturspiel auf dem Klavier setzt erhebliche pianistische Fähigkeiten voraus. Es ist vor allem Bestandteil der Kapellmeisterausbildung, aber auch der Schul- und Kirchenmusikerausbildung. Wenn auch vom Partiturlesen – wie es hier vermittelt wurde – zum Partiturspielen der Schritt zur professionellen Beschäftigung mit Musik unternommen wird, so sollen trotzdem einige Hinweise auf Studienwerke zum Partiturspiel gegeben werden. Dies auch deshalb, weil schon das Lesen und auch nur das Durchblättern dieser Lehrwerke die Einsichten in die Möglichkeiten des Umgangs mit der Partitur vergrößert. Ein ganz anderer Aspekt des Partiturspielens ist ein gewisser rein intellektueller Reiz, einer Denksportaufgabe vergleichbar, der daher rührt, daß immer dieselben Notenköpfe in immer denselben fünf Notenlinien ganz unterschiedliche Tonhöhen und die vielfältigsten Klangergebnisse haben können, je nach Notenschlüssel und gegebenenfalls Transposition der Instrumente.

Heinrich Creuzburg: *Partiturspiel. Ein Übungsbuch in 4 Bänden*, Mainz 1957ff., B. Schott's Söhne bietet Übungsbeispiele in zunehmender Schwierigkeit geordnet. Band 1 beginnt wie die meisten Lehrbücher des Partiturspiels mit Übungen in »alten« Schlüsseln. Wenn auch die alten Schlüssel bei Orchesterpartituren keine besondere Rolle spielen – abgesehen vom sogenannten Bratschen- und Tenorschlüssel –, so stellen sie doch eine hervorragende Übung im Notenlesen dar. Band 2 und 3 bringen Übungen zum Stimmtausch, zu den transponierenden Instrumenten und zur Übertragung der Partitur auf das Klavier. Band 4 ist schließlich schwierigen Transpositionen von Blasinstrumenten gewidmet.

Wegen seiner methodisch sehr geschickten Konzeption eignet sich auch

Günter Fork: *Schule des Partiturspiels*, 2 Bände, Wolfenbüttel 1980, Möseler

besonders zum Weiterstudium nach dem Lesen des vorliegenden Buchs. Die unterschiedlichen allgemein-musikalischen und spieltechnischen Voraussetzungen können durch die Gliederung des Buches so berücksichtigt werden, daß der Einstieg je nach Fähigkeiten erfolgen kann. Das Werk ist einerseits nach Stimmenzahl, andererseits nach besonderen Schwierigkeiten – neue Schlüssel, alte Schlüssel, Stimmtausch, transponierende Instrumente, besondere Kombinationen – geordnet; so kann man z. B. mit zweistimmigen Übungen in alten Schlüsseln beginnen, mit einstimmigen Übungen mit transponierenden Instrumenten fortfahren usw.; über 600 Partiturbeispiele sowie alle notwendigen Erläuterungen, auch Hinweise auf weitere Partituren, machen diese Partiturspielschule zu einem exzellenten Standardwerk, das auch dem »Nur-Leser« viele Informationen und Einsichten gibt.

GOLDMANN SCHOTT

TASCHENPARTITUREN

Diese Ausgaben enthalten neben dem Notenteil eine umfassende Werkeinführung mit einem Anhang, Abbildungen, Erläuterungen zur Werkentstehung und über die Stellung des Werkes in der Öffentlichkeit mit analytischen und die Interpretation betreffenden Betrachtungen sowie werkbezogenen Literaturhinweisen.

L.v. Beethoven
Sinfonie Nr. 5, c-Moll, op. 67
(33006)

Sinfonie Nr. 6, F-Dur, op. 68
„Pastorale" (33026)

Sinfonie Nr. 9, d-Moll, op. 125
(33010)

J. Brahms
Sinfonie Nr. 1, c-Moll, op. 68
(33031)

Sinfonie Nr. 3, F-Dur, op. 90
(33032)

Sinfonie Nr. 4, e-Moll, op. 98
(33025)

F. Chopin
Klavierkonzert e-Moll, op. 11
(33064)

A. Dvořák
Sinfonie Nr. 9, e-Moll, op. 95
„Aus der neuen Welt"
(33045)

J. Haydn
Sinfonie Nr. 104, D-Dur
(33080)

W.A. Mozart
Serenade G-Dur
„Eine kleine Nachtmusik"
KV 525 (33033)

Sinfonie g-Moll, KV 550
(33035)

Sinfonie C-Dur, „Jupiter-Sinfonie" KV 551 (33016)

F. Schubert
7. Sinfonie h-Moll
„Unvollendete" (33061)

R. Schumann
Konzert für Klavier und Orchester, a-Moll, op. 54 (33018)

Sinfonie Nr. 3, Es-Dur, op. 97
„Rheinische" (33048)

Sinfonie Nr. 4, d-Moll, op. 120
(33034)

F. Smetana
„Die Moldau"
(33076)

P.I. Tschaikowsky
6. Sinfonie h-Moll, op. 74
„Pathetique" (33054)

Weitere Bände in Vorbereitung